Mahboobeh Khosravani
Hooshang Khoshsima

De nouvelles tâches préalables à l'activité et des macro-compétences se développent

Mahboobeh Khosravani
Hooshang Khoshsima

De nouvelles tâches préalables à l'activité et des macro-compétences se développent

Un guide pour améliorer l'apprentissage des langues

ScienciaScripts

Imprint
Any brand names and product names mentioned in this book are subject to trademark, brand or patent protection and are trademarks or registered trademarks of their respective holders. The use of brand names, product names, common names, trade names, product descriptions etc. even without a particular marking in this work is in no way to be construed to mean that such names may be regarded as unrestricted in respect of trademark and brand protection legislation and could thus be used by anyone.

Cover image: www.ingimage.com

This book is a translation from the original published under ISBN 978-3-659-83009-9.

Publisher:
Sciencia Scripts
is a trademark of
Dodo Books Indian Ocean Ltd. and OmniScriptum S.R.L publishing group

120 High Road, East Finchley, London, N2 9ED, United Kingdom
Str. Armeneasca 28/1, office 1, Chisinau MD-2012, Republic of Moldova, Europe

ISBN: 978-620-8-20333-7

Table des matières :

Au nom de Dieu

De nouvelles tâches préalables à l'activité et des macro-compétences se développent

Hooshang Khoshsima
Département de langue anglaise, Université maritime de Chabahar, Chabahar, Iran
Mahboobeh Khosravani
Département de langue anglaise, Université maritime de Chabahar, Chabahar, Iran

Chapitre 1

Introduction

1.1 Introduction

L'écriture est considérée comme l'une des tâches les plus difficiles et les plus compliquées pour les apprenants, en particulier lorsqu'ils doivent écrire dans une deuxième langue ou une langue étrangère. Chacun d'entre nous peut en faire l'expérience lorsqu'il commence à écrire sur quelque chose, nous rencontrons beaucoup de difficultés, surtout au tout début. En d'autres termes, écrire ne consiste pas seulement à poser son stylo sur le papier et à placer les mots au bon endroit. En fait, l'écriture est difficile pour les étudiants car elle exige l'utilisation d'autres stratégies linguistiques, cognitives et métacognitives (Rao, 2007). En outre, Pishghadam et Ghanizadeh (2006) ont proposé que, bien que les étudiants passent plusieurs années dans des classes d'écriture, ils rencontrent toujours de nombreux problèmes dans le processus d'écriture.

D'autre part, l'importance et la nécessité des compétences en matière d'écriture sont évidentes pour tous les enseignants et chercheurs, car elles leur permettent de penser de manière critique, d'organiser leurs opinions et, enfin, de composer ce qu'ils ont à l'esprit. Rao (2007) a expliqué l'importance de l'écriture de la manière suivante,

> L'écriture a toujours été considérée comme une compétence importante dans l'enseignement et l'apprentissage de l'anglais langue étrangère (EFL). D'une part, elle stimule la réflexion, oblige les étudiants à se concentrer et à organiser leurs idées, et cultive leur capacité à résumer, analyser et critiquer. D'autre part, il renforce l'apprentissage de la langue anglaise, la réflexion sur celle-ci et l'apprentissage de la langue anglaise (p.100).

On pense que la plupart des étudiants ont des difficultés au tout début de l'écriture (Mousapournegari, 2011). Les élèves se plaignent constamment de ne pas pouvoir organiser leurs pensées et de ne pas pouvoir écrire sur un sujet intéressant et pertinent. Bien que les enseignants soient conscients de ces problèmes, ils ne parviennent pas à trouver des techniques appropriées pour éliminer les obstacles rencontrés par les élèves dans le processus d'écriture (Rao, 2007). En fait, les enseignants préfèrent toujours une approche basée sur le produit. Dans l'enseignement de l'écriture, les enseignants peuvent adopter une approche basée sur le produit ou sur le processus. Ces deux approches peuvent être définies comme suit : dans l'approche basée sur le produit, le texte écrit est au centre des préoccupations, tandis que dans l'approche basée sur le processus, les enseignants attirent l'attention sur le processus d'écriture plus que sur le texte écrit. Par conséquent, le passage de la notion d'écriture en tant que "produit" à celle d'écriture en tant que "processus" a incité les chercheurs à incorporer certaines compétences, techniques ou stratégies à la compétence d'écriture (Richards et Renandya, 2002 cité dans Tajzadeh, Jahandar, &Khodabandehlou, 2013).

Tompkins (2001) a déclaré que l'étape la plus difficile de l'écriture est la pré-écriture. Comme cette étape est très importante pour écrire habilement, les enseignants devraient mettre l'accent sur la préécriture en tant qu'élément fondamental de cette compétence difficile. La préécriture est la première étape de l'écriture, après laquelle viennent les étapes de la rédaction, de la révision, de l'édition et de la publication. Avant de commencer à écrire, comme le suggèrent Pishghadam et Ghanizadeh (2006), les élèves ont besoin de plus de préparations et d'exercices pour surmonter les difficultés de l'écriture. Par conséquent, les enseignants devraient accorder plus d'attention à la phase de pré-écriture. Récemment, un grand nombre d'études ont été réalisées pour examiner les effets des tâches de pré-écriture sur la capacité d'écriture. Comme les problèmes des étudiants ne sont pas encore résolus, le chercheur a choisi de travailler sur trois nouvelles tâches de pré-écriture dans cette étude.

Une autre compétence analysée dans cette étude est la compréhension de la lecture. Dans la plupart des environnements d'enseignement des langues étrangères, la lecture attire plus d'attention que les autres compétences. Parmi le grand nombre de définitions de la compréhension de la lecture, on constate que toutes associent la lecture et la compréhension (Duke et Pearson, 2002 ; Grabe, 1995 ; Just et Carpenter, 1980 ; Nuttall, 1996). En fait, on estime que la lecture est la compétence la plus importante parmi les autres. Tout d'abord, la lecture est importante car elle facilite l'apprentissage d'autres compétences. En d'autres termes, si nous apprenons à lire et commençons à lire des textes dans une deuxième langue, l'écriture deviendra plus facile pour nous aussi. Deuxièmement, la lecture est essentielle en tant qu'objectif fondamental des apprenants. De nombreux apprenants essaient d'apprendre une deuxième langue pour lire des textes et il est très décevant de ne pas comprendre ce qu'ils lisent. Troisièmement, comme l'a indiqué Nunan (2006), contrairement à l'expression orale, la lecture n'est pas une tâche que tout le monde apprend à faire. L'apprentissage de cette compétence nécessite donc beaucoup d'argent, de temps et d'efforts (Nunan, 2006). La compréhension de la lecture ne consiste pas seulement à connaître le sens des mots ; en fait, les élèves doivent apprendre à comprendre un texte.

L'histoire de la compréhension de la lecture et de l'écriture remonte au quatrième millénaire avant Jésus-Christ (Rael, 2004). Comme ces deux compétences sont étroitement liées l'une à l'autre, leur invention s'est également déroulée en parallèle. La lecture peut être utilisée comme une aide visuelle dans les cours d'écriture. Aujourd'hui, de nombreux chercheurs et théoriciens estiment que la lecture et l'écriture sont généralement décrites comme des "processus parallèles" ou des "partenaires naturels" (Trosky& Wood, 1982 ; Tsai, 2008 cité dans Tajzadeh et al., 2013).

La compréhension de la lecture étant considérée comme une compétence vitale dans les situations ESL/EFL, différentes stratégies sont utilisées dans les processus de traitement de cette compétence. Grabe (1995) estime que différentes stratégies telles que la formulation de questions, la réponse aux questions, l'activation des connaissances préalables, le contrôle de la compréhension, la sensibilisation à la structure du texte, l'utilisation de graphiques visuels et d'organisateurs graphiques, l'inférence, le résumé et la création de groupes collaboratifs peuvent être utilisées dans les processus d'enseignement de la compréhension de la lecture.

Bolükba§ (2013) définit la stratégie de compréhension de la lecture comme suit

> Les stratégies de compréhension de la lecture sont les stratégies cognitives que le lecteur utilise avant, pendant et après la lecture pour mieux comprendre le texte. Il existe des stratégies que le lecteur utilise consciemment et inconsciemment... les étudiants utilisent automatiquement les compétences qu'ils acquièrent dans des conditions normales et ils appliquent des stratégies lorsqu'ils sont confrontés à un problème dans le texte (p.2148).

En outre, il estime que l'objectif principal de l'utilisation des stratégies de compréhension de la lecture est de s'assurer que le texte est compris avec précision et facilité (Bolükbaç, 2013). D'après la documentation examinée dans le cadre de cette étude, la plupart des chercheurs et des théoriciens estiment que les stratégies peuvent être classées en stratégies de prélecture, stratégies de lecture et stratégies de postlecture (Bezci, 1998 ; Karatay, 2007 et 2009 ; Lau, 2006 ; Mihara, 2011 ; Mokhtari et Reichard, 2002 ; Ozbay, 2009 ; Salli, 2002 ; Shih, 1991 ; Tankersley, 2003 ; Yang, 2006, cité dans Bolükbaç, 2013).

Dès que ces compétences sont devenues éminentes dans les situations éducatives, différentes approches et méthodes ont été utilisées pour les enseigner à différentes époques. Chaque approche était une réaction aux lacunes des précédentes, car dans toutes les situations académiques, l'objectif principal des enseignants et des éducateurs est de faciliter l'apprentissage des élèves. En d'autres termes, "depuis le début des années 1980, de nombreux chercheurs qui étudient l'enseignement de l'anglais et des arts du langage se sont engagés dans une exploration approfondie de la nature d'un enseignement efficace" (Applebee, Langer, Nystrand et Gamoran, 2003, p. 685). Par conséquent, les enseignants devraient réaliser certaines activités qui aident les élèves à mieux acquérir des compétences. En d'autres termes, le choix d'activités utiles est un défi pour les enseignants. Dans un premier temps, ces activités ont été utilisées de manière aléatoire. Ensuite, les activités ont été classées en trois catégories : avant, pendant et après, afin de faciliter leur utilisation par les enseignants et les éducateurs.

Dans l'enseignement des compétences, l'importance de l'utilisation des compétences préalables à l'activité ne peut être niée. En raison de leur efficacité notable, il est nécessaire de se familiariser avec ces pré-activités. En outre, l'apprentissage étant un processus complexe, l'utilisation de nouvelles tâches de pré-activité les motivera. L'une des nouvelles tâches de pré-activité est l'utilisation d'aides visuelles. Dans l'apprentissage d'une seconde langue, l'utilisation d'aides visuelles est une stratégie inévitable qui est utilisée dans toutes les situations d'ESL (English as a second language) et d'EFL (English as a foreign language) (Marquez,2000). Les aides visuelles peuvent être définies comme l'utilisation d'images, d'affiches, de cartes flash, de tableaux, de graphiques, de cartes, etc. dans le processus d'enseignement. Wright (1990) a souligné l'importance de l'utilisation d'aides visuelles dans les classes d'EFL/ESL car "elles sont motivantes et attirent l'attention des apprenants" (p.2).

Marquez (2000) a souligné la grande importance de l'utilisation d'aides visuelles comme

> Dans les cours d'anglais langue étrangère (ESL/EFL), l'utilisation d'aides visuelles peut aider les étudiants à consolider et à renforcer ce qu'ils ont appris. Cela peut s'expliquer par le fait qu'elles permettent aux étudiants d'absorber les informations par le biais d'une perception sensorielle supplémentaire. L'utilisation d'aides visuelles peut aider les étudiants à comprendre le sens profond d'un sujet et à réaliser les similitudes et les différences entre chaque sujet (p.4).

Hill (1990) a illustré les avantages des aides visuelles comme étant "peu coûteuses, disponibles dans de nombreuses situations ; attrayantes pour les apprenants, apportant des images dans le monde non naturel de la classe de langue" (cité dans Klasone, 2013, p.24). Pillai et Vengadasamy (2010) ont également défendu ces notions, car l'utilisation de graphiques, d'illustrations et d'images est un moyen utile de provoquer la compréhension des textes par les étudiants.

Une autre activité préalable consiste à poser des questions avant de commencer l'enseignement afin d'attirer l'attention des élèves et de stimuler leur intérêt pour les matières qui seront enseignées. Comme l'ont noté Pearson et Johnson (1984), "les questions ont une longue tradition dans l'enseignement de la lecture". Il ne fait aucun doute que l'utilisation de questions dans les contextes ESL/ EFL, en particulier dans les processus d'enseignement de la compréhension de la lecture, est très répandue (Raphael et Gavelek, 1984 ; Pearson et Johnson, 1984 ; Armbruster, Anderson, Armstrong, Wise, Janish et Meyer, 1991 ; Armbruster, 1992, cité dans Lee, 2006). Les questions préalables peuvent également aider les élèves à apprendre à lire, car elles se concentrent sur les notions les plus importantes du texte (Bean, 1985 ; Rickards, 1976). En outre, les questions préalables peuvent éveiller la curiosité des élèves sur un passage à lire, activer leurs connaissances antérieures et les aider à prédire ce qu'ils vont lire (Moore, Readence&Rickelman, 1983).

L'utilisation de la discussion de groupe est la troisième tâche de pré-activité, connue sous le nom d'apprentissage collaboratif, d'apprentissage coopératif, d'apprentissage par les pairs, d'apprentissage en groupe, de groupes d'apprentissage formels et d'équipes d'étude (Johnson, Johnson, & Smith, 1991). L'utilisation de la discussion de groupe comme tâche préalable à l'activité signifie que l'on crée des groupes coopératifs d'étudiants en classe et qu'on leur demande de discuter entre eux d'un sujet spécifique. Johnson et Johnson et Holubec (1998) ont défini un groupe coopératif comme "un groupe dont les membres sont engagés dans un objectif commun de maximiser l'apprentissage de chacun" (p.72). Piaget (1928 et 1932) a également souligné que l'apprentissage coopératif jouait un rôle essentiel dans le développement cognitif constructif. La discussion de groupe est une interaction entre étudiants, qui est utilisée pour promouvoir leur apprentissage car ils ont le même objectif. En outre, "l'apprentissage en petit groupe est l'un des choix que fait l'enseignant pour accroître la motivation des élèves" (Wichadee, 2013, p.107).

1.2 Énoncé du problème

Comme nous l'avons mentionné précédemment, l'utilisation de stratégies est inévitable pour enseigner la compréhension de la lecture et les compétences en matière d'écriture. Comme les stratégies sont utilisées depuis des décennies, les étudiants ont encore beaucoup de difficultés à gérer ces compétences. Par conséquent, il est préférable de prévoir des stratégies nouvelles et actualisées pour réduire les difficultés d'apprentissage de la compréhension de la lecture et de la capacité d'écriture.

En outre, l'objectif premier des enseignants et des chercheurs étant de faciliter les difficultés d'apprentissage des langues, les chercheurs ont consacré de nombreuses recherches à l'examen des effets de différentes tâches de pré-activité sur différentes compétences. Bien que de nombreuses recherches aient été menées pour améliorer l'apprentissage et l'enseignement de la lecture et de l'écriture, les étudiants rencontrent encore de nombreux problèmes lorsqu'ils abordent ces compétences. Par conséquent, nous pouvons estimer que davantage d'études de recherche sur cette question sont nécessaires pour aider les praticiens et les instructeurs à lever les ambiguïtés actuelles dans l'utilisation des tâches.

1.3 Importance de l'étude

Il existe un grand nombre de recherches sur la compréhension de la lecture et la capacité d'écriture, ainsi que sur les activités qui peuvent être utilisées pour améliorer l'apprentissage des élèves. En général, la recherche s'est intéressée à des activités spécifiques de manière aléatoire. Ensuite, les activités ont été classées en trois catégories : les activités préalables, les activités en cours et les activités postérieures. Cette étude se concentre sur les tâches préalables à l'activité. Par conséquent, ce projet de recherche tentera de choisir les tâches de pré-activité les plus novatrices afin d'obtenir de meilleurs résultats. Bien que ces tâches de pré-activité semblent être très utiles pour les étudiants, il n'existe pas de recherche appropriée pour examiner l'effet de ces pré-activités sur la compréhension de la lecture et l'aptitude à l'écriture.

En outre, d'autres études se sont concentrées sur l'effet d'une ou de plusieurs préactivités ou stratégies sur une seule compétence ; mais dans cette recherche, le chercheur essaiera d'étudier les effets de ces tâches de préactivité sur la compréhension de la lecture et la capacité d'écriture. Étant donné que dans l'environnement d'apprentissage des langues étrangères, toutes les compétences sont enseignées ensemble, les résultats de cette étude seront réellement applicables par les enseignants dans leurs salles de classe. Par conséquent, comme ces activités sont adaptées à la fois à la compréhension de la lecture et à la capacité d'écriture, les enseignants peuvent les utiliser en classe pour aider les étudiants à améliorer ces deux compétences en même temps.

En outre, les enseignants préfèrent parfois utiliser plus d'une pré-activité en classe pour stimuler le processus d'apprentissage. Il existe un grand nombre de tâches de pré-activité qui ont été étudiées dans différentes études. Le chercheur s'efforçant d'apporter quelque chose de nouveau et d'applicable pour les étudiants et les enseignants, trois nouvelles tâches de pré-activité, à savoir les questions préalables, les aides visuelles et les discussions de groupe, seront étudiées dans le cadre de cette étude. Il convient de préciser que ces tâches préalables sont applicables à la fois à la compréhension de la lecture et aux compétences en matière d'écriture.

1.4 Objectif de l'étude

Le nombre considérable d'études de recherche sur la promotion de la compréhension de la lecture montre l'importance de cette compétence dans toutes les situations éducatives. Récemment, les chercheurs se sont davantage concentrés sur les stratégies de pré-activité afin d'ouvrir la voie à l'apprentissage et à l'enseignement de la compréhension de la lecture. Bien que de nombreuses recherches aient été menées sur cette question, les étudiants rencontrent encore certaines difficultés. En d'autres termes, les études réalisées pour examiner les effets des activités de prélecture montrent que les performances des étudiants ne sont pas suffisantes. Par conséquent, nous devrions accorder plus d'attention à l'amélioration de l'apprentissage de cette compétence. Par conséquent, d'autres études sur l'analyse de l'effet des nouvelles stratégies sur cette compétence sont nécessaires.

D'autre part, l'écriture est également une compétence qui représente un défi pour tous les étudiants en seconde langue. Bien que les étudiants suivent des cours d'écriture dès le début de leur cursus universitaire, ils éprouvent toujours des difficultés à maîtriser cette compétence. Comme l'écriture est un mélange de tâches linguistiques et non linguistiques, les étudiants ont besoin de plus de pratique pour la maîtriser. Les chercheurs recherchent des stratégies pour faciliter cette aptitude difficile pour les étudiants. Par conséquent, cette étude vise à examiner les effets de trois nouvelles tâches de pré-activité sur cette compétence difficile.

L'objectif principal de cette étude est d'analyser l'effet des tâches préalables à l'activité sur la compréhension de la lecture et la capacité d'écriture. Comme la lecture et l'écriture sont enseignées ensemble dans les classes, le chercheur a essayé de trouver des stratégies qui peuvent être utilisées pour les deux compétences afin d'aider les enseignants à gérer leurs classes plus facilement et à obtenir de meilleurs résultats.

Les conclusions de cette étude seraient utiles aux décideurs en matière d'éducation, aux producteurs de matériel, aux concepteurs de programmes, aux formateurs d'enseignants, aux enseignants et aux étudiants.

1.5 Questions de recherche

Dans le cadre de cette recherche, les questions suivantes seront examinées :

1. La stratégie des aides visuelles en tant que tâche préalable à l'activité a-t-elle un effet significatif sur la capacité de compréhension de la lecture des apprenants iraniens de niveau intermédiaire en anglais langue étrangère ?
2. La stratégie des aides visuelles en tant que tâche pré-active a-t-elle un effet significatif sur la capacité d'écriture des apprenants iraniens de niveau intermédiaire en anglais langue étrangère ?
3. La stratégie de discussion de groupe en tant que tâche préalable à l'activité a-t-elle un effet significatif sur la capacité de compréhension de la lecture des apprenants iraniens de niveau intermédiaire en anglais langue étrangère ?
4. La stratégie de discussion de groupe en tant que tâche préalable à l'activité a-t-elle un effet significatif sur la capacité d'écriture des apprenants iraniens de niveau intermédiaire en anglais langue étrangère ?
5. La stratégie de pré-question en tant que tâche de pré-activité a-t-elle un effet significatif sur la capacité de compréhension de la lecture des apprenants iraniens de niveau intermédiaire en anglais langue étrangère ?
6. La stratégie de pré-question en tant que tâche de pré-activité a-t-elle un effet significatif sur la capacité d'écriture des apprenants iraniens de niveau intermédiaire en anglais langue étrangère ?

1.6 Hypothèses de recherche

Afin d'éviter toute subjectivité, ces hypothèses nulles seront analysées dans le cadre de la mise en œuvre de cette étude :

H0 1. La stratégie des aides visuelles en tant que tâche préalable à l'activité n'a pas d'effet significatif sur la capacité de compréhension de la lecture des apprenants iraniens de niveau intermédiaire en anglais langue étrangère.

H0 2. la stratégie des aides visuelles en tant que tâche préalable à l'activité n'a pas d'effet significatif sur la capacité d'écriture des apprenants iraniens de niveau intermédiaire en langue anglaise.

H0 3. La stratégie de discussion de groupe en tant que tâche préalable à l'activité n'a pas d'effet significatif sur la capacité de compréhension de la lecture des apprenants iraniens de niveau intermédiaire en anglais langue étrangère.

H0 4. la stratégie de discussion de groupe en tant que tâche préalable à l'activité n'a pas d'effet significatif sur la capacité d'écriture des apprenants iraniens de niveau intermédiaire en anglais langue étrangère.

H0 5. la stratégie de pré-question en tant que tâche de pré-activité n'a pas d'effet significatif sur la capacité de compréhension de la lecture des apprenants iraniens de niveau intermédiaire en anglais langue étrangère.

H0 6. la stratégie de pré-question comme tâche de pré-activité n'a pas d'effet significatif sur la capacité d'écriture des apprenants iraniens de niveau intermédiaire en langue anglaise.

1.7 Définition des mots clés

Une brève définition des termes clés utilisés dans cette étude est proposée ci-dessous :

Compréhension de la lecture

Lire, c'est percevoir un texte écrit afin d'en comprendre le contenu. Cela peut se faire en silence. La compréhension qui en résulte est appelée compréhension de la lecture (Richards & Schmidt, 2002). En outre, Prado et Plourde (2005) ont défini la compréhension comme un processus qui inclut la réflexion, l'enseignement, les expériences passées et les connaissances. En d'autres termes, la compréhension est "l'interaction entre l'identification des mots, les connaissances antérieures, les stratégies de compréhension et l'engagement" (Prado & Plourde, 2005, p. 33).

Rédaction

Le processus d'écriture en tant qu'activité privée peut être considéré comme comprenant quatre étapes principales : la planification, la rédaction, la révision et l'édition (Seow, 2002 ; d'après Richards & Renandya, 2002, P.315).

Pré-écriture

Dans l'ouvrage de Richard et Renandya, Seow (2002) définit la pré-écriture comme "toute activité en classe qui encourage les élèves à écrire. Elle stimule les idées pour commencer". Selon lui, cette étape aide les élèves à ne pas se retrouver face à une page blanche, mais leur permet de gérer leurs idées et de commencer à écrire (Richards & Renandya, 2002, P.316).

Stratégie

Brown (2002) a proposé la définition suivante pour la stratégie : les stratégies sont des méthodes spécifiques d'approche d'un problème ou d'une tâche, des modes d'opération permettant d'atteindre un objectif particulier et des conceptions planifiées pour contrôler et manipuler certaines informations (P. 113).

Tâche préalable à l'activité

Toutes les activités réalisées en classe avant de commencer l'enseignement sont appelées tâches de préactivité. Ces tâches, qui visent à améliorer l'apprentissage, peuvent être utilisées pour toutes les compétences.

Stratégie de pré-lecture

Les stratégies de pré-lecture sont basées sur l'utilisation par l'élève de ses connaissances de base et sur la devinette du contenu du texte qu'il va lire. Les objectifs de l'utilisation des stratégies de pré-lecture sont d'activer les connaissances de base des étudiants sur le sujet, de les motiver, de susciter leur intérêt par des évaluations préliminaires et d'attirer leur attention sur de nouveaux mots. (Bolukba§, 2013, p.2148).

Aides visuelles

Dans le processus d'enseignement, les enseignants essaient constamment d'attirer davantage l'attention des élèves. L'une des stratégies que les enseignants peuvent utiliser est l'utilisation de supports visuels. Les supports visuels sont ceux qui peuvent être vus, comme les images, les affiches, les graphiques, les vidéos, les tableaux, les cartes flash, etc. (Asokhia, 2009, p. 81).

Discussion en groupe

La discussion de groupe est un facteur important dans l'apprentissage des étudiants, car elle favorise l'apprentissage actif et l'autonomie des étudiants dans les classes des community colleges (Foote, 2009). Banerjee (2000) a indiqué que dans le processus de participation à une discussion de groupe, un étudiant doit développer son idée, la clarifier, la défendre et enfin la résumer.

Question préalable

La manière dont les enseignants commencent leur enseignement est très importante, car elle doit encourager les élèves à être actifs dans le processus d'apprentissage. Les questions préalables sont l'un des types de tâches de préactivité qui peuvent être effectuées en classe pour motiver davantage les élèves. Les questions préalables peuvent également faciliter la compréhension lorsqu'elles se concentrent sur l'aspect le plus important du texte (Bean, 1985 ; Rickards, 1976).

1.8 Limites de l'étude

Au cours de la réalisation de cette étude, le chercheur sera confronté aux limites inéluctables suivantes.

1. Dans cette étude, comme le chercheur travaillera à la fois sur les compétences en lecture et en écriture, les compétences ne sont pas enseignées de manière isolée, l'amélioration d'une

compétence pouvant affecter l'autre.

2. Le nombre de sessions dans cette étude est limité, comme dans les instituts.

1.9 Délimitation de l'étude

Pour rendre l'étude plus gérable, le chercheur a dû réduire les principaux facteurs de cette étude, tels que le niveau des étudiants, les compétences, les tâches préalables à l'activité, etc.

Parmi les différentes tâches préalables à l'activité, les aides visuelles, les discussions de groupe et les questions préalables ont été choisies pour cette étude. L'effet de ces tâches sera étudié uniquement sur la compréhension de la lecture et la capacité d'écriture.

1.10 Organisation de l'étude

Cette étude comporte cinq chapitres : introduction, analyse documentaire, méthodologie, résultats et conclusion. Dans le premier chapitre, l'introduction, une brève explication des principales notions de l'étude a été donnée. Dans ce chapitre, les lecteurs se familiariseront davantage avec ce qui a été fait dans le cadre de l'étude. En outre, l'importance, l'objectif, l'énoncé du problème, les questions et l'hypothèse ont été discutés. En outre, de brèves définitions des termes clés sont données dans cette partie.

Le deuxième chapitre s'est intéressé à la littérature pertinente. Différentes études liées à différents paramètres de l'étude - compréhension de la lecture, capacité d'écriture, aides visuelles, discussions de groupe et questions préalables - ont été examinées. Dans cette partie, les résultats des différentes études pertinentes ont été comparés. Le chercheur a essayé de s'intéresser aux recherches menées en Iran et dans d'autres pays.

Dans le troisième chapitre, la méthodologie de l'étude, qui comprend les participants, les instruments et la procédure de recherche, est expliquée en détail. Le quatrième chapitre, consacré aux résultats et à la discussion, présente les résultats de l'étude en fonction de l'analyse statique. En outre, les réponses aux questions de recherche ont été données dans cette partie. Le cinquième chapitre analyse les résultats de l'étude. Selon les résultats, l'implication pédagogique a suggéré quelques applications pratiques pour les résultats de cette étude.

A la fin, l'annexe tente d'illustrer les prétests et les post-tests de compréhension de la lecture et d'écriture pour chaque tâche de pré-activité. Ensuite, les références ont montré les livres, les recherches et les études qui ont été utilisés pour réaliser cette étude.

Chapitre 2

Revue de la littérature

2.1 Introduction

L'examen de la littérature a révélé qu'il existe différents groupes d'articles, de recherches et d'ouvrages liés à cette étude. Étant donné que dans chaque article, les chercheurs ont prêté attention à une ou deux des tâches préalables à l'activité déterminées, le chercheur les a classées en fonction de chaque tâche préalable à l'activité en tant qu'articles relatifs aux aides visuelles, à la question préalable et à la discussion de groupe. En outre, les études sur la compréhension de la lecture et les compétences en matière d'écriture sont examinées dans cette partie.

2.2 Lecture (compréhension)

L'importance des compétences en lecture dans le processus d'enseignement et d'apprentissage de différentes langues est indéniable pour tout le monde. Confirmant cette affirmation, Alderson (1984) déclare que la plupart des spécialistes s'accordent à dire que la lecture est l'une des compétences les plus importantes pour la réussite éducative et professionnelle. En soulignant l'importance de la compréhension de la lecture, Rivers (1981, p. 147) mentionne que "la lecture est l'activité la plus importante dans toute classe de langue, non seulement comme source d'information et comme activité agréable, mais aussi comme moyen de consolider et d'étendre ses connaissances de la langue".

En outre, la lecture a la capacité de renforcer les autres compétences linguistiques des apprenants. À cet égard, Krashen (1981, cité dans Kim &krashen, 1997) confirme que ceux qui lisent davantage ont un vocabulaire plus étendu, obtiennent de meilleurs résultats aux tests de grammaire et écrivent mieux. Chastian (1988) est une autre personnalité remarquable qui a parlé de l'importance de la capacité de lecture. Il reconnaît l'importance de la lecture pour le sens et affirme également que toutes les activités de lecture servent à faciliter la fluidité de la communication dans chacune des autres compétences linguistiques.

Eskey (1988) va au-delà d'une perception unique de la compétence de lecture. Il affirme qu'aux niveaux avancés de la deuxième langue, la capacité à lire la langue écrite à un rythme raisonnable et avec une bonne compréhension a longtemps été reconnue comme étant aussi importante que les compétences orales, si ce n'est plus.

Parler des différents aspects du rôle central de la compétence de lecture dans l'enseignement et l'apprentissage d'une première, d'une deuxième langue et/ou d'une langue étrangère ne s'arrête pas aux mots mentionnés ci-dessus. Par exemple, les idées les plus récentes sur la question susmentionnée sont celles de Pearson (2009). Il pense que la compréhension de la lecture fait partie des salles de classe depuis qu'il y a des écoles, des textes, des étudiants qui souhaitent les lire et des enseignants qui veulent à la fois promouvoir et évaluer leur compréhension. Par ailleurs, il est intéressant de noter que Johnsen (1993) mentionne un pourcentage à ce sujet, à savoir que les élèves travaillent avec des textes pendant environ 60 % du temps de cours et que la plupart de leurs devoirs consistent à étudier des textes.

Si l'on passe des différentes idées sur l'importance de la compétence de lecture à des résultats de recherche plus pratiques dans ce domaine, il convient de mentionner qu'un certain nombre de chercheurs (Megherbi, Seigneuric, & Ehrlich, 2006 ; Spooner, Gathercole, & Baddeley, 2006) ont conclu que la majorité des élèves comprennent les textes étudiés sans difficulté, mais qu'il y a toujours des enfants pour qui la compréhension de la lecture est une tâche particulièrement ardue. En outre, Oakhill et Yuill (1996) affirment que les difficultés d'apprentissage de nombreux élèves s'expliquent par une mauvaise compréhension des textes écrits.

Il est évident que la compréhension d'un texte par les élèves est réussie lorsqu'ils intègrent les informations du texte à leurs connaissances antérieures et qu'ils acquièrent de nouvelles informations. Il existe différentes techniques et activités qui permettent d'activer ces connaissances antérieures. Parmi ces possibilités de soutenir le processus de compréhension de la lecture, trois tâches de préactivité ont été choisies pour être examinées dans cette étude. Ces trois tâches de préactivité sont la discussion de groupe, l'utilisation d'aides visuelles et les questions préalables, qui sont présentées et discutées en détail dans les parties suivantes de ce chapitre.

Avant de mettre l'accent sur l'autre macro-compétence examinée dans cette étude, à savoir l'écriture, et sur les tâches de pré-activité mentionnées ci-dessus, il est nécessaire de poursuivre cette partie de l'analyse documentaire par un examen approfondi des différents concepts et idées liés à la compétence de lecture.

2.2.1 Le processus de lecture

La lecture étant l'une des macro-compétences enseignées et évaluées dans le cadre de cette étude, il semble nécessaire de mettre l'accent sur son processus afin de le clarifier dans l'analyse documentaire. Il existe de nombreuses théories et perceptions sur l'enseignement et l'apprentissage de la lecture. Par exemple,

Rumelhart (1977) pense que la lecture, de la manière la plus simpliste, est l'interaction entre le texte et le lecteur. Il ajoute que cette interaction est influencée par différents facteurs tels que : l'expérience du lecteur au sein de sa communauté, à l'école et dans sa culture, et le lien entre ces expériences et le texte, ainsi que sa personnalité individuelle, la combinaison de ces facteurs liés au lecteur avec les caractéristiques du texte (structures, syntaxe, grammaire et vocabulaire), et la correspondance entre le lecteur et le texte. À cet égard, Rosenblatt (1993), dans sa théorie décrivant également la lecture comme un processus interactif, a utilisé les termes de lecture esthétique et efférente (non esthétique) pour désigner la lecture pour le plaisir et la lecture pour la connaissance dans les domaines du contenu, tels que les sciences et les études sociales.

Dans une perspective différente, Burns, Roe et Ross (1992) présentent la lecture comme une aptitude à la vie quotidienne. En combinant neuf aspects du processus de lecture - sensoriel, perceptuel, séquentiel, expérientiel, de réflexion, d'apprentissage, associatif, affectif et constructif - le processus de lecture est facilité. Bouwer (2000) commente l'interprétation de Burns, Roe et Ross et déclare que les aspects sensoriels, perceptifs et séquentiels décrivent le processus de décodage de la lecture et que les six autres aspects caractérisent le processus de compréhension de la lecture.

Outre les commentaires précédents sur les différents aspects de la compétence de lecture, une autre interprétation est exprimée par Goodman (1996). Il décrit les stratégies de traitement de la lecture en se concentrant sur l'utilisation de trois systèmes de repères (informations phonologiques et visuelles/orthographiques, structure de la langue, signification) et sur l'utilisation de l'autocorrection lors de la compréhension du message d'un texte.

D'autres questions importantes qui sont directement liées à la notion de capacité de lecture et qui devraient être prises en compte dans cette partie du chapitre sont les différentes théories sur la compréhension de la lecture et les stratégies de lecture. En ce qui concerne les stratégies de lecture, Coiro (2003), l'une des figures de proue dans ce domaine, affirme que certaines études menées dans des contextes de langues secondes ont montré que la compréhension de la lecture peut être attribuée au niveau d'utilisation efficace des stratégies de lecture. Il ajoute également que les mauvais lecteurs parcourent tous les types de textes de la même manière.

2.2.2 Théories sur la compréhension de la lecture

Pour mieux comprendre les théories qui sous-tendent la compréhension de la lecture, nous allons nous concentrer sur trois théories importantes. Ces trois théories, qui sont la théorie des schémas, les modèles mentaux et la théorie propositionnelle, sont identifiées par Gunning (1996).

2.2.2.1 Théorie des schémas

Tout d'abord, une brève définition du schéma tirée des mots de Gunning peut s'avérer utile. Gunning (1996) définit un schéma comme la connaissance organisée que l'on possède déjà sur les personnes, les lieux, les choses et les événements. En ce qui concerne la théorie elle-même, Kitao (1990) affirme que la théorie des schémas implique une interaction entre les propres connaissances du lecteur et le texte, ce qui aboutit à la compréhension. Outre les opinions susmentionnées sur les schémas et la théorie des schémas, Rumelhart (1980) indique que toutes les connaissances sont regroupées en unités. Il ajoute que ces unités sont les schémas ou les constructions cognitives qui permettent l'organisation des informations dans la mémoire à long terme.

En guise de perception globale de la théorie des schémas, on peut dire qu'en essayant de comprendre les supports de lecture, les étudiants peuvent relier ces nouvelles informations aux informations existantes qu'ils ont étiquetées dans leur esprit, en les ajoutant à ces "fichiers" pour une utilisation future. En ce qui concerne la relation entre la théorie des schémas et les stratégies de compréhension de la lecture utilisées par un bon lecteur, les schémas sont la source à partir de laquelle un lecteur ramène les connaissances dont il a besoin pour pratiquer les stratégies de prédiction et d'inférence.

L'un des objectifs de l'utilisation des trois activités préalables déterminées dans cette étude est d'activer le schéma ou les connaissances de base des apprenants. En posant des questions, en utilisant des supports visuels et en organisant des discussions de groupe, le chercheur cherche à établir une relation sémantique et thématique entre leurs connaissances de base et les nouvelles informations présentées dans les textes de lecture et requises dans les tâches d'écriture.

2.2.2.2 Théorie du modèle mental

Une autre théorie principale sur la compréhension de la lecture est le modèle mental. En commençant par la perception de la théorie du modèle mental de Gunning (1996), il donne une description détaillée de ce processus, affirmant qu'un modèle mental est construit le plus souvent lorsqu'un étudiant lit une fiction. Le lecteur se concentre sur le personnage principal et crée un modèle mental des circonstances dans lesquelles il se trouve. Il poursuit en disant que le modèle mental est reconstruit ou mis à jour pour refléter les nouvelles circonstances au fur et à mesure que la situation évolue, mais que les éléments importants pour le personnage principal restent au premier plan.

En ce qui concerne la théorie du modèle mental, Van et Kintsch (1983) en déduisent que les lecteurs construisent trois représentations mentales différentes du texte : une représentation textuelle du texte, une représentation sémantique décrivant le sens du texte et une représentation situationnelle de la situation à laquelle le texte fait référence.

Outre les clarifications susmentionnées sur la théorie mentale, Perkins (1991) identifie que les idées fausses sur des concepts importants reflètent parfois des modèles mentaux trompeurs du sujet lui-même ou de la matière dans laquelle il s'inscrit. D'un point de vue pratique, l'enseignant peut toutefois intervenir pour aider le lecteur à rester sur la bonne voie et à se faire une idée plus précise. L'une des suggestions consiste à demander aux élèves de dévoiler leurs modèles mentaux des sujets en question, par le biais d'analogies, de discussions, d'images et d'autres moyens. Ces informations donnent à l'enseignant un aperçu des lacunes et des idées fausses de l'élève, ce qui lui permet de l'aider à se faire une idée plus précise de la situation. Perkins affirme également qu'il existe une relation stable entre la théorie du modèle mental et les stratégies de compréhension de la lecture. Par exemple, lorsqu'un lecteur veut construire son modèle mental de représentation du texte cible, il doit étudier les images, lire le titre, prédire, survoler le texte pour en saisir l'essentiel et déduire. Ces stratégies sont inévitables pour parvenir à la compréhension ou à la construction du sens ou du modèle mental d'un texte.

2.2.2.3 Théorie des propositions

La troisième et dernière théorie sur la compréhension de la lecture qui sera abordée ici est la théorie propositionnelle. Selon cette théorie expliquée par Gunning (1996), le lecteur est impliqué dans la construction d'une idée principale ou d'une macrostructure au fur et à mesure qu'il traite le texte. Tout texte est constitué d'une chaîne de phrases liées entre elles. Chaque phrase porte une petite idée qui joue un rôle dans la construction de l'idée globale. En d'autres termes, un texte est un bâtiment ; les phrases en sont les briques. Ces idées principales sont organisées de manière hiérarchique, les éléments les plus importants ayant la plus haute priorité pour être mémorisés.

En ce qui concerne cette théorie, Kintsch (2006) propose une procédure détaillée, appelée analyse propositionnelle, pour analyser le contenu sémantique de textes courts en unités constitutives. Selon l'analyse propositionnelle de Kintsch, tout texte peut être décomposé en une liste d'unités sémantiques de base, ou propositions. Les phrases ne sont pas considérées comme des objets linguistiques à mémoriser. Elles sont plutôt considérées comme des informations que les lecteurs peuvent utiliser pour construire des descriptions sémantiques de situations.

Il convient de mentionner que ces trois théories - la théorie des schémas, la théorie des modèles mentaux et la théorie propositionnelle -, les stratégies de compréhension de la lecture et le processus de lecture sont interdépendants et visent tous à construire le sens et à parvenir à la compréhension. C'est pourquoi elles sont expliquées et incluses dans la partie de ce chapitre consacrée à la lecture.

2.2.3 Stratégies de compréhension de la lecture

En ce qui concerne les stratégies de compréhension de la lecture, certains chercheurs indiquent l'importance de l'apprentissage des stratégies de compréhension en déclarant que de nombreux élèves qui étaient de bons lecteurs dans les classes primaires auront néanmoins du mal à lire dans les classes moyennes s'ils n'apprennent pas les stratégies de compréhension pour faire face aux formats de texte plus complexes, aux caractéristiques de texte et aux genres qu'ils rencontrent (Cunningham &Allington, 2007 ; Farstrup, 2006 ; et ministère de l'Éducation de l'Ontario, 2005a). D'autres (Brown, 1982 ; Long, Oppy, &Seely, 1994 ; Oakhill, 1984 ; Oakhill &Yuill, 1996) estiment que l'un des facteurs qui distinguent les lecteurs performants des moins performants est l'utilisation de stratégies de lecture, en particulier lorsqu'ils rencontrent des problèmes de compréhension. Il a également été réitéré dans la littérature que les bons lecteurs appliquent des stratégies de lecture appropriées plus souvent que les mauvais lecteurs (Tankersley, 2003). Les lecteurs EFL peu performants améliorent leurs performances de compréhension lorsqu'ils apprennent à appliquer des stratégies.

En surfant sur les différentes études réalisées dans ce domaine, diverses perceptions et résultats de recherche sur les différentes stratégies de compréhension de la lecture ont été extraits. Pour commencer, Motallebzadeh et Heirany (2011) ont réalisé une étude intitulée "thematic clustering of L2 vocabularies : a technique for improving reading comprehension ability of Iranian intermediate EFL adult learners" (regroupement thématique de vocabulaires L2 : une technique pour améliorer la capacité de compréhension de la lecture des apprenants adultes iraniens de niveau intermédiaire en anglais langue étrangère). Ils rapportent que le regroupement thématique du vocabulaire L2 a un effet significatif sur les résultats des participants en matière de compréhension de la lecture en anglais.

Par ailleurs, l'American National Reading Panel (2000) identifie six stratégies clés de compréhension de la lecture afin de renforcer les capacités de lecture des enfants, à savoir : contrôler la compréhension, utiliser des organisateurs graphiques, générer des questions, répondre à des questions, reconnaître la structure de l'histoire et résumer. Selon ces six stratégies de compréhension de la lecture, deux des tâches de pré-activité déterminées dans cette étude peuvent également être considérées comme des stratégies de compréhension de la lecture. Ces deux activités préalables présentant la caractéristique mentionnée sont la question préalable et les aides visuelles.

En outre, d'autres stratégies telles que la prédiction, la déduction, l'établissement de liens et l'utilisation d'indices de la structure du texte pour identifier des modèles d'organisation dans le texte afin d'améliorer la compréhension ont été introduites (Harvey & Goudvis, 2007 ; Keene & Zimmerman, 1997 ; Pearson & Duke, 2002).

L'importance et le rôle central des stratégies de compréhension de la lecture dans les processus d'enseignement et d'apprentissage des compétences en lecture peuvent être identifiés dans certaines des définitions exprimées par différents chercheurs dans ce domaine. Par exemple, Clay (1991, cité dans Jensen, 2010) définit la lecture comme "une activité de résolution de problèmes et d'obtention de messages qui gagne en puissance et en flexibilité au fur et à mesure qu'elle est pratiquée". Autre exemple, Fountas et Pinnell (2006) présentent la lecture comme un processus de réflexion, qui concerne le lecteur en tant que personne et qui permet de comprendre un texte étroitement lié à sa vie. La théorie du processus interactif de Rosenblatt (1993) et d'autres études mettent l'accent sur l'application d'une variété de stratégies pour la compétence.

Dans la continuité des différentes définitions et des différents points de vue sur les stratégies de lecture, Schumm (2006) décrit les stratégies comme des processus qui "sont contrôlés par le lecteur, sont métacognitifs, sont intentionnels, sont flexibles et mettent l'accent sur le raisonnement" (p. 229). Il énumère également la conscience phonémique, la phonétique, la fluidité, le vocabulaire et la compréhension comme les composantes de la lecture. En outre, Afflerbach, Pearson et Paris (2008) affirment que les stratégies sont des tentatives délibérées, orientées vers un objectif, de contrôler et de modifier les tentatives du lecteur de décoder un texte, de comprendre les mots et de construire des significations. Lipson (2007) présente une nouvelle liste de stratégies de compréhension : contrôler la compréhension, établir des liens (les lecteurs établissent des liens avec ce qu'ils savent déjà, leurs expériences personnelles, leur connaissance du monde et les autres textes qu'ils ont lus ou expérimentés), poser des questions, résumer, tirer des conclusions, synthétiser, déterminer l'importance.

En examinant d'autres résultats sur les stratégies de lecture, David Nunan (1989) soutient que les schémas, c'est-à-dire les connaissances de base, permettent aux apprenants de recréer et de reconstruire le sens du texte. Pourhoseein-Gilakjani et Ahmadi (2011) soulignent l'importance des schémas dans la lecture en tant que processus par lequel les lecteurs combinent leurs propres connaissances avec les informations contenues dans un texte pour comprendre ce texte. Tous les lecteurs possèdent des schémas (informations de base) différents. Par conséquent, l'activation des schémas des apprenants, qui est l'un des objectifs de l'utilisation des tâches de pré-activité dans cette étude, est un concept important dans la lecture en anglais langue étrangère pour aider les apprenants à ajuster le modèle de leurs propres expériences et antécédents.

Les stratégies de lecture ne se limitent pas aux stratégies mises en œuvre avant le processus de lecture. Certaines stratégies sont utilisées avant, pendant et après le processus de lecture (Saricoban, 2002 ; Schmitt, 1990). Bien qu'il soit évident que la préparation à la lecture a lieu avant la lecture, on pourrait affirmer que l'organisation, la restructuration et la synthèse peuvent avoir lieu pendant la lecture ainsi qu'après la lecture. Parmi les différents types de stratégies d'apprentissage, les stratégies de compréhension de la lecture sont reconnues depuis longtemps par les chercheurs en lecture en langue seconde/étrangère (Brantmeier, 2002 ; Janzen, 1996 ; et Slataci&Akyel, 2002). Les stratégies de lecture définies par certains théoriciens comme Barnet (1988) se réfèrent à des opérations mentales utilisées par les lecteurs lorsqu'ils lisent un texte et tentent de le comprendre efficacement.

En outre, Carrell (1989) estime que les stratégies de lecture montrent comment les lecteurs comprennent une tâche, quels indices textuels ils prennent en compte, comment ils appréhendent ce qu'ils lisent et ce qu'ils font lorsqu'ils ne comprennent pas. Les stratégies de lecture varient, allant de simples stratégies de correction telles que la simple relecture des segments difficiles et la devinette de la signification d'un mot inconnu à partir du contexte, à des stratégies plus complètes telles que le résumé et la mise en relation de ce qui est lu avec les connaissances antérieures du lecteur. D'une manière générale, les chercheurs affirment que l'utilisation des stratégies est différente chez les lecteurs plus ou moins compétents, en ce sens qu'ils utilisent les stratégies de différentes manières. Il ajoute que les stratégies de compréhension de la lecture permettent de distinguer le lecteur passif, non qualifié, du lecteur actif, qui ne se contente pas de lire, mais interagit avec le texte.

En ce qui concerne les opinions mentionnées ci-dessus, Yau (2005) a constaté dans son étude que les lecteurs compétents utilisent des approches plus sophistiquées de la lecture que les lecteurs moins compétents. Par exemple, dans son étude, le lecteur compétent a utilisé des stratégies de résumé, d'inférence et de synthèse pendant et après la lecture, tandis que le lecteur moins compétent a utilisé des inférences de rapprochement, la paraphrase et la répétition. Par ailleurs, Keshta et Badr El-Deen (2009), dans une étude sur l'efficacité du "programme de lecture extensive assistée" pour le développement de stratégies de compréhension de la lecture à Gaza, ont conclu que le programme de lecture extensive assistée s'est avéré le plus efficace pour développer des stratégies de compréhension de la lecture. Leur étude a montré que l'entraînement à la stratégie seul était utile, mais que le taux de progression n'était pas significatif.

Dans un autre cas, dans le cadre d'un programme d'alphabétisation des adolescents, Moore et ses collègues (1999) ont identifié et décrit les stratégies suivantes qui peuvent être utilisées pour un large éventail de textes : activer leurs connaissances préalables du sujet et du texte, prévoir et s'interroger sur ce qu'ils lisent, établir des liens avec leur vie et d'autres textes et avec leur monde en expansion, résumer les idées clés, synthétiser des informations provenant de différentes sources, identifier, comprendre et mémoriser le vocabulaire clé, et bien d'autres facteurs encore.

2.2.4 Domaines des stratégies de compréhension de la lecture

Pour examiner la compréhension de la lecture et ses stratégies, il est important d'en mentionner les domaines de manière plus compacte.

Les stratégies de compréhension de la lecture relèvent de deux domaines :

2.2.4.1 Stratégies cognitives

Les stratégies cognitives sont représentées dans les processus de lecture ascendants ou de niveau inférieur, notamment le décodage, la reconnaissance automatique du sens des mots, la structure syntaxique et les parties du discours. Un bon lecteur maîtrise bien ces processus et les pratique automatiquement et sans effort. Dans le cas contraire, les lecteurs sont incapables de traiter les stratégies cognitives de lecture supérieures représentées par l'identification des idées principales, la paraphrase et le résumé, la prédiction et l'utilisation des connaissances antérieures. Eskey (1988) affirme que "la réussite de ces processus de lecture de haut niveau dépend largement des capacités de reconnaissance automatique des mots".

2.2.4.2 Stratégies méta-cognitives

La métacognition et la compétence stratégique renvoient à la notion de réflexion sur la réflexion. Elles fonctionnent comme un parapluie qui recouvre les processus cognitifs. Les stratégies métacognitives aident le lecteur à réguler, contrôler et organiser les processus cognitifs afin d'atteindre les objectifs de lecture. À cet égard, Flavell (1971) mentionne que "la métacognition est un mécanisme de traitement mental qui aide les individus à accomplir des tâches cognitives". Il convient de noter que les processus cognitifs et métacognitifs sont interdépendants. En d'autres termes, lorsqu'un lecteur parcourt un texte pour en saisir l'essentiel, il utilise une stratégie cognitive. En revanche, l'évaluation de l'efficacité de l'écrémage pour recueillir des informations textuelles est une stratégie métacognitive.

Sheorey et Mokhtari (2001) qualifient les stratégies de lecture métacognitives de "trois sous-catégories : les stratégies globales, les stratégies de résolution de problèmes et les stratégies de soutien". Les stratégies globales sont intentionnelles et soigneusement planifiées par les apprenants pour contrôler leur lecture, par exemple en ayant un objectif à l'esprit, en prévoyant le texte, en vérifiant que le contenu du texte correspond à son objectif, en notant les caractéristiques du texte telles que la longueur et l'organisation, et en prédisant ou en devinant le sens du texte. Les stratégies de résolution de problèmes sont les actions que les lecteurs mettent en œuvre lorsqu'ils travaillent directement avec le texte, en particulier lorsque le texte devient difficile ; ces stratégies consistent notamment à deviner le sens des mots inconnus, à adapter son rythme de lecture, à visualiser les informations lues, à résoudre les informations contradictoires et à relire le texte pour en améliorer la compréhension. Les stratégies de soutien sont celles que les lecteurs utilisent pour faciliter la compréhension, comme l'utilisation d'un dictionnaire, la prise de notes, le surlignage d'informations textuelles ou la traduction de sa langue maternelle vers la langue cible". (pp. 107-108)

2.2.5 Taxonomie de Brown sur les stratégies de compréhension de la lecture

Bien que la plupart des stratégies de lecture aient déjà été mentionnées, il sera utile, compte tenu de l'importance du sujet, de les rappeler une nouvelle fois, conformément à la taxonomie de Brown (2001), citée dans Askari et Ahmadian (2011). Ces stratégies sont les suivantes :

1. Identifier l'objectif de la lecture ; s'assurer que les apprenants connaissent l'objectif de leur lecture.
2. L'utilisation de techniques efficaces de lecture silencieuse pour une compréhension relativement rapide ; dans ce cas, les apprenants ne doivent pas prononcer chaque mot pour eux-mêmes, mais plutôt percevoir plus d'un mot à la fois. Ils lisent pour en retirer quelque chose en silence.
3. L'écrémage du texte pour trouver l'idée principale ; il s'agit de parcourir rapidement du regard l'ensemble du texte pour en dégager l'essentiel.
4. Recherche d'informations spécifiques dans le texte ; les apprenants recherchent dans le texte des éléments d'information spécifiques tels que des noms, des dates, la définition d'un concept, etc.
5. Utilisation de la cartographie sémantique ou du regroupement ; lorsque, dans le texte, les apprenants sont

confrontés à une longue série d'idées ou d'événements, ils peuvent regrouper les idées ou les événements en grappes significatives ; les premiers projets peuvent être assez désordonnés, ce qui est acceptable.

6. Deviner lorsque les apprenants ne sont pas certains (sur la base du contexte) ; les étudiants peuvent deviner : a. le sens d'un mot
b. une relation grammaticale
c. une relation discursive
d. les significations entre les lignes (signification implicite)
e. sur une référence culturelle
f. messages de contenu
7. Analyser le vocabulaire ; décomposer les mots en leurs éléments constitutifs et deviner le sens des mots qui ne sont pas reconnus à ce moment-là (préfixes, racines, suffixes ; par exemple, un bear able).
8. Distinguer le sens littéral du sens implicite ; cela peut aider les apprenants à mieux comprendre la lecture.
9. Capitaliser sur les marqueurs discursifs pour traiter les relations ; les marqueurs discursifs comme l'énumératif (d'abord, ensuite/ puis,...enfin), l'additif (encore, en outre... / également, de même, similairement.), la séquence logique (ainsi, ainsi, pour résumer.../ en conséquence, en conséquence.), Explicatif (à savoir, en d'autres termes, nous voulons dire...), Illustratif (par exemple, par exemple), et Contrastif (alternativement, d'un autre côté.../ de toute façon, en dépit de, en même temps...).
10. Énumérer et définir le vocabulaire, les symboles et les concepts clés
11. Résumer chaque partie de la sélection au niveau du sous-titre et/ou de la section.
12. Résumer l'ensemble de la sélection
13. Tirer des conclusions sur le contenu de la sélection
14. Paraphrasez ce qui a été lu
15. Résumer ce qui a été lu
16. Relier, comparer et contraster les informations de la sélection avec d'autres informations
17. Tirer des conclusions à partir des informations contenues dans la sélection, en se basant sur la manière dont elles sont liées.
18. Revoir et interpréter ce qui a été lu
19. Noter toute zone d'incertitude
20. Noter les résultats utiles
21. Prendre des notes dans le texte si cela est autorisé
22. Prendre des notes séparément du texte si nécessaire
23. Vérifier que les objectifs de lecture ont été atteints
24. Faire des prédictions sur le contenu de la sélection
25. Décider quelles parties de la sélection doivent être lues deux fois ou revues plus tard.
26. Répartition du temps de lecture disponible en fonction des exigences de la tâche (c'est-à-dire de l'objectif de la lecture)
27. Examiner la sélection et prêter attention aux titres, aux termes ou aux idées mis en évidence par l'impression (c'est-à-dire en gras ou en italique).
28. Voir s'il y a des questions d'étude à la fin de la sélection
29. Prêtez attention aux illustrations, y compris les tableaux et les diagrammes
30. Soyez attentif aux informations qui se répètent

Plusieurs études ont été menées sur la relation entre les stratégies de compréhension de la lecture et les résultats des étudiants. Le lien entre les stratégies de compréhension de la lecture et les résultats des élèves, ainsi que leurs principaux acteurs, est remis en question.

2.2.6 Une vue d'ensemble des résultats en matière de compréhension de la lecture

De nombreuses études se sont concentrées sur la corrélation entre les stratégies spécifiques de compréhension de la lecture et les résultats, et ont montré que les apprenants anglais ne parvenaient pas à atteindre leurs objectifs en matière de compréhension de la lecture. Par exemple, Garcia (1991) et Saville-Troike (1984) soulignent l'importance du vocabulaire comme facteur clé de la réussite des apprenants en matière de compréhension de la lecture. D'autres, comme Droop et Verhoeven (1998) et Garcia (1991), identifient l'influence des connaissances de base des apprenants et du contenu du texte sur leurs résultats en matière de compréhension. Selon ces perceptions, les activités préalables déterminées pour cette étude sont également réalisées pour activer les connaissances de base des étudiants avant de commencer le processus d'enseignement.

2.2.7 Activités de pré-lecture

Bilokcuoglu (2011) rapporte que "les études récentes menées sur la compréhension de la lecture ont révélé que les activités de pré-lecture ont des effets utiles pour stimuler les connaissances de base des lecteurs, ce qui est nécessaire pour une compréhension totale de la lecture. Ces études démontrent que les activités de pré-lecture ne préparent pas seulement le lecteur au concept suivant, mais l'aident également à relier le nouveau concept de manière plus significative à ses connaissances antérieures, ce qui facilitera la lecture et la rendra plus agréable. Ainsi, les activités de pré-lecture sont bien conçues pour déclencher des structures de connaissances appropriées ou pour fournir le terrain pour les connaissances nécessaires qui manquent aux lecteurs". (p. 81)

Il poursuit en disant qu'à la lumière de la théorie des schémas (au pluriel), qui met l'accent sur la place des connaissances de base, de la phase de pré-lecture à la lecture proprement dite, devrait donc être une pratique constante pour tous les enseignants de lecture afin de pouvoir aider les élèves à mieux comprendre le texte écrit.

Confirmant l'idée mentionnée, Wallence (1992) conclut après son étude que pour parvenir à une interprétation satisfaisante du texte, les lecteurs de langue seconde doivent s'appuyer sur des connaissances schématiques appropriées. Par ailleurs, Abraham (2002) souligne que les enseignants doivent accorder de l'importance aux activités de pré-lecture pour activer le "schéma" des étudiants en les aidant à reconnaître les connaissances qu'ils possèdent déjà sur le sujet du texte. Cela peut se faire par des discussions sur les titres, les sous-titres, les photographies, l'identification de la structure du texte, la prévisualisation, etc.

Il convient de mentionner que différents chercheurs tels que Lazar (1993, p. 83), Chen et Graves (1995, p. 664), Taglieber, Johnson et Yarbough (1988, p. 456), et Moorman et Blanton (1990, p. 176) fournissent des définitions des activités de pré-lecture. Lazar, par exemple, définit les activités de pré-lecture comme des activités qui aident les élèves à se familiariser avec le contexte culturel, qui stimulent l'intérêt des élèves pour l'histoire et qui préparent l'enseignement du vocabulaire. Chen et Graves définissent les activités de prélecture comme des "dispositifs permettant de combler le fossé entre le contenu du texte et les schémas du lecteur".

En se concentrant sur l'enseignement de la lecture en L1, Taglieber, Johnson et Yarbough (1988, p. 456) soulignent l'aspect motivationnel des activités de pré-lecture. Selon ces auteurs, les activités de pré-lecture activent ou développent les connaissances antérieures, fournissent une connaissance de la structure du texte et établissent également une raison de lire.

Dans cette étape, il est nécessaire d'aborder l'importance des activités de pré-lecture dans la compréhension de la lecture et d'exprimer leur définition. Les activités de pré-lecture peuvent être définies comme les "activités utilisées avec les élèves avant la lecture proprement dite". Ces activités visent à "fournir aux élèves les connaissances de base nécessaires à une meilleure compréhension lorsqu'ils interagissent avec un texte". Les activités de pré-lecture sont également des outils utiles pour définir un objectif de lecture. C'est pourquoi elles peuvent être considérées comme des activités vitales qui doivent être réalisées car les schémas des apprenants doivent être activés pour éviter tout échec dans la compréhension d'un texte écrit. Grâce aux activités de pré-lecture, les étudiants se familiarisent avec le sujet, le vocabulaire ou les structures complexes du texte. (Bilokcuoglu, 2011, pp. 82-83)

L'efficacité des activités de pré-lecture peut également être mesurée en termes de motivation à la lecture. Chastain (1988) estime que "les activités de pré-lecture sont des facteurs importants pour motiver les lecteurs à lire le texte, et lorsqu'ils sont motivés, ils sont préparés à l'activité de lecture. De plus, ils peuvent mieux terminer l'activité sans dépenser trop d'efforts et sont plus disposés à participer à l'activité car ils ont gagné en confiance". En outre, Ur (1996) affirme que les tâches de pré-lecture rendent l'activité plus
Il est intéressant de permettre aux élèves d'avoir un objectif de lecture et à l'enseignant de voir si le texte peut être compris à l'aide des tâches données avant/après la lecture.

Chatwirote (2003) suggère que les enseignants proposent des activités de promotion de la lecture, telles que les activités qui intéressent les apprenants. Les activités doivent contenir des objectifs de lecture qui correspondent aux intérêts des apprenants et de l'enseignant.

Un autre point de vue sur les activités de pré-lecture est celui de Karakas (2002). Il mentionne que les activités de lecture ont été introduites en tant qu'outils pour soutenir l'interprétation du texte par le lecteur et pour prévenir toute défaillance éventuelle dans le processus de lecture.

Presque toutes les dichotomies récentes des activités de lecture impliquent les trois phases de pré-lecture, de lecture et de post-lecture. Toutefois, on s'accorde généralement à dire que la première phase, celle de la prélecture, est la plus importante pour la construction et l'activation des connaissances de base (Alyousef, 2006 ; Ur, 1996 ; Williams, 1987). À cet égard, Ajideh (2006) affirme que les activités de prélecture peuvent être utiles de trois manières : en construisant de nouveaux schémas, en activant des schémas existants et en informant l'enseignant des connaissances des élèves. Il suggère également que les activités de pré-lecture basées sur la théorie des schémas fournissent aux apprenants les schémas appropriés qui leur font défaut. Il présente le questionnement et la carte sémantique comme des activités de pré-lecture basées sur la théorie des schémas. Mais le chercheur de la présente étude pense que la plupart des activités de pré-lecture sont basées sur les schémas. Cette affirmation est exprimée parce que, bien qu'il soit probable que les enseignants utilisent différentes activités de pré-lecture pour diverses raisons, à l'exception de l'activation des connaissances de base des apprenants, ces activités conduiront involontairement et implicitement au développement ou à l'activation de leurs connaissances de base. Lorsque l'enseignant utilise des aides visuelles telles que des images, comme c'est le cas dans cette étude, il veut peut-être simplement familiariser les apprenants avec le sujet, mais ces images aident les étudiants à faire le lien entre les images montrées et ce qu'ils savaient de cette image et de ce sujet auparavant. De plus, lorsque l'enseignant leur pose des questions sur les images, comment y répondent-ils ? Ils utilisent leurs connaissances de base. En outre, lorsque l'étape de pré-lecture est terminée et que les élèves commencent à lire et à comprendre le texte, ils comparent les informations présentées dans le texte avec les connaissances de base qu'ils ont utilisées et mémorisées dans la section de pré-enseignement.

En ce qui concerne l'autre activité de pré-lecture utilisée dans cette étude, la discussion de groupe, l'histoire est la même. Pourquoi l'enseignant utilise-t-il la discussion de groupe avant l'activité ? L'enseignant aide intentionnellement ou non les élèves à partager et à comparer leurs connaissances de base, n'est-ce pas ?

Outre les idées susmentionnées sur les activités de pré-lecture, Ringler et Weber (1984) qualifient les activités de pré-lecture d'"activités habilitantes, car elles fournissent au lecteur le contexte nécessaire à l'organisation de l'activité et à la compréhension du matériel. Ces expériences impliquent de comprendre le(s) but(s) de la lecture et de construire la base de connaissances nécessaire pour traiter le contenu et la structure du matériel" (p. 112).

Selon Chastain (1988), "l'objectif des activités de pré-lecture est de motiver les étudiants à vouloir lire le travail et de les préparer à être capables de le lire". Les tâches de pré-lecture ont eu tendance à se concentrer exclusivement sur la préparation du lecteur aux difficultés linguistiques probables d'un texte ; plus récemment, l'attention s'est déplacée vers les difficultés culturelles ou conceptuelles. Cependant, les activités de pré-lecture ne se contentent pas de proposer un langage conceptuel aux supposées insuffisances linguistiques ou socioculturelles du lecteur, elles peuvent également rappeler aux lecteurs ce qu'ils savent et pensent déjà, c'est-à-dire activer les connaissances schématiques existantes". (119)

Carrell et Eisterhold (1983) et Carrell (1987) signalent deux schémas différents : les schémas formels et les schémas de contenu. Néanmoins, Singhal (1998) et Alptekin (2002 et 2003) subdivisent les schémas en trois catégories. Singhal les nomme schémas de contenu, formels et linguistiques/linguistiques, tandis qu'Alptekin les nomme schémas de contenu, formels et abstraits/récits.

Selon Carrell (1983), le schéma de contenu peut être défini comme la connaissance du monde. Si le lecteur possède le schéma de contenu présupposé par un texte, il est probable que la compréhension du texte sera plus facile, et vice versa.

Le schéma formel est une connaissance de base du modèle d'organisation des différents types de textes. Chaque type de texte (récit, fable ou texte expositif) possède sa propre structure conventionnelle, qui représente un schéma différent de la manière dont les auteurs organisent et dont les lecteurs comprennent les sujets. La connaissance de ces conventions joue un rôle dans la compréhension d'un texte (Carrell et Eisterhold, 1983).

Le troisième type de schéma est le schéma abstrait (également appelé schéma narratif) qui fait référence au rôle de l'appartenance culturelle. Les étudiants dotés d'un schéma abstrait peuvent libérer un espace précieux dans la mémoire à court terme pour repousser les limites de la capacité de traitement de l'information dans la mémoire humaine à court terme, ce qui contribue à la compréhension des histoires courtes (Erten et Razi, 2003).

Se concentrant sur certaines recherches effectuées dans ce domaine, Yeeding (2007) a étudié les effets des activités de pré-lecture sur la motivation des apprenants et leur capacité de compréhension de la lecture. Les résultats ont montré que les sujets des activités étaient très motivés et enthousiastes à l'idée de lire. Après l'expérience, ils ont obtenu des résultats significativement plus élevés. De manière très similaire à la présente étude, Taglieber, Johnson et Yarbrough (1988) ont proposé aux sujets de l'expérience trois activités de pré-lecture : deviner le contenu de la lecture à partir d'images, apprendre le vocabulaire avant de lire et poser une question avant de lire. Le groupe de contrôle n'a bénéficié d'aucune des trois activités de pré-lecture. Un pré-test et un post-test ont été administrés aux deux groupes. Il s'est avéré que le groupe expérimental a obtenu de meilleurs résultats que le groupe de contrôle. En outre, les scores de lecture obtenus dans le cadre de la lecture avec devinette du contenu de la lecture à partir des images et de la question préalable à la lecture étaient meilleurs que ceux obtenus dans le cadre de la lecture avec apprentissage du vocabulaire préalable à la lecture.

En outre, Karakas (2005) a constaté qu'une combinaison de prévisualisation et de remue-méninges est plus efficace que l'utilisation pure et simple du remue-méninges pour la compréhension de la lecture. Chen et Graves (1995) ont examiné l'efficacité de la prévisualisation et de la fourniture de connaissances de base et ont conclu que la prévisualisation était plus efficace que la fourniture de connaissances de base. En outre, Shen (2004) a constaté que l'apport de connaissances de base était le plus efficace. Erten et Karakas (2007) ont également indiqué que certaines activités contribuaient à la compréhension littérale, tandis que d'autres contribuaient davantage à la compréhension évaluative des histoires courtes.

En outre, Jecksembievva (1993) a étudié "les activités de pré-lecture dans les manuels de lecture EFL/ESL et les attitudes des enseignants des écoles préparatoires turques à l'égard des activités de pré-lecture" et a conclu que les activités de pré-lecture contribuaient à la compréhension des textes ; par conséquent, les enseignants ont trouvé les activités utiles dans le cadre de la classe. De même, Arda (2000) a étudié "le rôle du schéma de contenu lié aux activités de pré-lecture" et a affirmé l'efficacité des activités sur la compréhension des textes par les lecteurs. Ces activités de lecture peuvent promouvoir l'interaction entre le lecteur et le texte, qui est, comme le dit Widdowson, "authentique" (Wallace 1992).

En examinant les activités de pré-lecture d'un point de vue critique, Chia (2001) affirme que certains étudiants déclarent n'avoir aucun problème à comprendre les mots et la structure des phrases du paragraphe, mais qu'ils ne parviennent pas à interpréter le texte de manière satisfaisante. En fait, la plupart des étudiants s'appuient trop sur le traitement ascendant des mots individuels et l'analyse des structures de phrases, mais n'appliquent pas le traitement descendant pour la vue d'ensemble du texte. Cela peut résulter d'un manque d'enseignement et de pratique appropriés dans l'application des stratégies de lecture. C'est pourquoi il semble discutable de proposer aux étudiants des activités traditionnelles de pré-lecture telles que la définition des mots et l'explication de la structure.

Ringler et Weber (1984) qualifient les activités de pré-lecture d'activités habilitantes, car elles fournissent au lecteur le contexte nécessaire à l'organisation de l'activité et à la compréhension du matériel. Ces expériences impliquent de comprendre le(s) but(s) de la lecture et de construire une base de connaissances nécessaire pour traiter le contenu et la structure du matériel. Les auteurs affirment que les activités de pré-lecture permettent d'obtenir des connaissances préalables, d'établir un contexte et de concentrer l'attention.

Sur la base des critiques mentionnées, Ajideh (2003) estime que les tâches de pré-lecture ont eu tendance à se concentrer exclusivement sur la préparation du lecteur aux difficultés linguistiques probables d'un texte ; plus récemment, l'attention s'est déplacée vers les difficultés culturelles ou conceptuelles. Toutefois, les activités de pré-lecture ne se contentent pas de compenser les insuffisances linguistiques ou socioculturelles supposées des lecteurs de langue seconde ; elles peuvent également rappeler aux lecteurs ce qu'ils savent et pensent déjà, c'est-à-dire activer les connaissances schématiques existantes.

Pour finaliser les différentes idées et perceptions sur les activités de pré-lecture, certaines affirmations plus en rapport avec le thème de la présente étude sont présentées. En parcourant la littérature, on constate que certaines techniques ont été suggérées par certains auteurs (par exemple Greenall& Swan, 1986) pour mobiliser les connaissances existantes, y compris l'utilisation d'images, de films et même de jeux de rôle. Par exemple, différents chercheurs énumèrent différents types d'activités de pré-lecture, comme Celce-Murcia (1991) qui suggère l'association de mots, la discussion et l'étude de textes.

Tudor (1989) signale cinq autres catégories d'activités de prélecture liées au contenu : (a) les questions préalables auxquelles il faut répondre après avoir lu le texte ; (b) les questions préalables destinées à activer les connaissances du lecteur sur le sujet ; (c) les organisateurs de contenu (par exemple, les résumés) ; (d) les prédictions basées sur le titre, les sous-titres, les illustrations ou la lecture rapide du texte ; et (e) la préparation intégrée à la lecture (combinant les éléments ci-dessus). Très proche des variables de cette étude, Taglieber (1988) a constaté que les deux derniers types d'activités (utilisation d'illustrations pour faire des prédictions et formulation de questions) étaient plus efficaces pour faciliter la compréhension des étudiants EFL que l'enseignement préalable du vocabulaire.

Taglieber (1988) a indiqué trois problèmes majeurs qui interfèrent avec la compréhension des lecteurs.

1. Manque de vocabulaire.
2. Difficulté à utiliser les indices linguistiques de signification.
3. Manque de connaissances conceptuelles.

Elle a affirmé que les activités pratiques précédentes suivantes peuvent contribuer à résoudre ces problèmes :

1. Contexte pictural
2. Questions préalables
3. Pré-enseignement du vocabulaire

Pour déterminer les activités préalables adaptées à la présente étude, le chercheur a parcouru la littérature correspondante et a trouvé certaines activités. Par exemple, la prévisualisation, le pré-questionnement, la cartographie sémantique, le brainstorming, le contexte imagé, la discussion de groupe, le pré-enseignement du vocabulaire, l'apport de connaissances de base, etc. ont été identifiés. Il convient de mentionner que certaines d'entre elles ont été reproduites dans différentes études. Trois de ces activités préalables ont été sélectionnées pour être étudiées dans le cadre de cette recherche. Il s'agit du pré-questionnement, de l'utilisation d'aides visuelles (contexte imagé) et de la discussion de groupe.

2.3 Compétence en matière d'écriture

Selon Chastain (1988), "l'écriture est une compétence de communication de base et un atout unique dans le processus d'apprentissage d'une seconde langue. La production d'un texte écrit réussi est une tâche qui exige le contrôle simultané d'un certain nombre de systèmes linguistiques". (p. 244) De nombreux chercheurs estiment que l'enseignement de l'écriture doit stimuler la production de l'élève et que ce n'est qu'ensuite qu'il doit susciter une réaction de l'enseignant et une concertation (par exemple Reid, 1993 ; Raimes 1991, 1998).

Sokolik (2003) considère l'écriture comme un travail mental qui implique d'inventer des idées, de réfléchir à la manière de les exprimer et de les organiser en phrases et en paragraphes qui seront clairs pour les lecteurs. Pour décrire l'écriture, Olshtain (2001) et Reid (2002) estiment que "c'est le processus de documentation des pensées et des expériences" (p. 18). (p. 18) L'écriture est considérée comme une activité sociale de communication qui permet de transmettre divers messages à des lecteurs proches ou éloignés, connus ou inconnus.

Ils ajoutent que "l'écriture est l'art de créer des idées et des pensées. Par conséquent, les écrivains sont des créateurs de mots qui transmettent un sens et, grâce à ces mots, ils communiquent avec les lecteurs. La composition implique une série de décisions et de choix que les écrivains organisent pendant l'acte d'écriture. Enseigner aux étudiants ESL/EFL à devenir de bons rédacteurs est une tâche particulièrement complexe. Mais elle peut aussi s'avérer extrêmement gratifiante". (p. 19)

Au cours des dernières décennies, les chercheurs ont approfondi le processus d'écriture. Ce processus se compose de différentes étapes de développement de la composition. Au cours de l'étape de préécriture ou de planification, les écrivains génèrent des idées et les organisent, puis les mettent en ordre dans l'étape de rédaction. Ensuite, au cours de l'étape de révision, ils affinent l'organisation et l'expression. Enfin, à l'étape de la révision, ils lient les erreurs superficielles telles que l'usage, la ponctuation et l'orthographe.

Selon Widdowson (1983), l'écriture est un processus interactif de négociation. Cependant, il est difficile de produire un texte cohérent et cohésif car, comme l'affirme Zamel (1987), l'écriture est une activité complexe, récursive et non linéaire qui requiert une variété de micro-compétences. C'est peut-être la raison pour laquelle les spécialistes des langues secondes ne s'accordent pas sur la meilleure approche à adopter pour l'enseigner ou l'apprendre. Cependant, comme l'affirme Raimes (1990), il existe deux grandes lignes de pensée en ce qui concerne la compétence d'écriture : les points de vue axés sur le processus et les points de vue axés sur le produit. Les partisans de l'écriture en tant que produit se concentrent sur le produit fini en termes d'orthographe, de vocabulaire, de grammaire et de dispositifs de cohésion, tandis que les partisans de l'écriture en tant que processus mettent l'accent sur ce qui se passe lorsque le rédacteur écrit.

Le chercheur a constaté qu'une partie de la littérature relative à l'écriture en EFL/ESL (par exemple Hillocks, 1986 ; Henry, 1996 ; Atwell, 1985) se concentre sur l'écriture en tant que produit, c'est-à-dire le résultat visible qui nous fournit le résultat de la connaissance créée par le rédacteur en tant que manifestation de l'activation de la connaissance de la grammaire, du vocabulaire et de l'orthographe. Par conséquent, les enseignants de L2 enseignent les différentes formes de grammaire et l'utilisation correcte des formes, en espérant que les apprenants de L2 améliorent les compétences requises pour transmettre le message. Henry (1996) mentionne que la plupart des études sur l'écriture en L2 menées par des locuteurs natifs de l'anglais mettent également l'accent sur des produits tels que l'impact de la correction des erreurs au niveau de la phrase ou du mot.

D'autre part, un nombre considérable d'ouvrages sur l'écriture en L2 (par exemple, Kern & Schultz, 1992 ; East, 2008 ; Zamel, 1987) remettent en question l'approche par le produit et se concentrent plutôt sur l'approche par le processus. Sur la base de Zamel (1983), les chercheurs ont constaté que l'étude des produits écrits des étudiants ne permettait pas d'en savoir plus sur leurs besoins pédagogiques. C'est pourquoi ils explorent maintenant les comportements d'écriture, qui peuvent donner des indications sur la manière de les enseigner. Selon ce point de vue, ce qui est nécessaire, c'est la mise en place d'un environnement favorable dans lequel les apprenants de L2 sont encouragés à prendre des risques et à s'engager dans la création de sens.

En outre, la négociation sur les pratiques d'évaluation est révélatrice du conflit entre deux approches principales de l'écriture. Selon East (2008), "un point de vue est influencé par les approches fondées sur les connaissances qui favorisent l'évaluation *statique* de l'écriture. Les défenseurs de ce point de vue utilisent des tests qui produisent un instantané de la capacité d'écriture des candidats à l'examen de la L2 et mesurent la connaissance des éléments clés. Ils mettent l'accent sur le pouvoir discriminatoire du test pour prédire la réussite future. L'autre point de vue est influencé par l'approche axée sur le processus qui se concentre sur l'évaluation *dynamique*, plus centrée sur l'apprenant. Selon ce point de vue, le concept de compétence de l'écriture communicative est un reflet authentique de l'écriture en tant que processus". (p. 37)

Un bref examen de la capacité d'écriture du point de vue de l'intelligence multiple (IM) révèle que pour les apprenants ESL/EFL, la maîtrise de la capacité d'écriture est considérée comme l'une des voies contribuant à la réussite de l'apprentissage de la langue. Selon Chastain (1988), "l'écriture est une compétence de communication de base et un atout unique dans le processus d'apprentissage d'une seconde langue" (p. 244). (p. 244) Pour lui, l'écriture est un acte de conceptualisation qui implique l'écriture et la réflexion au cours du processus. L'écriture est l'une des compétences les plus difficiles à maîtriser pour les apprenants de L2, et les rôles importants que l'IM d'une personne peut jouer commencent à évoluer lorsque nous examinons comment le cerveau se prépare à expérimenter l'acte réel d'écriture et de lecture (Gardner, Hutchinson, Whiteley, Pope, Qualter, 2012 ; Armstrong, 2003). Outre la conversion d'un message en code, lorsque nous écrivons, nous vérifions visuellement la formation des lettres. De cette manière, l'intelligence spatiale intervient pour établir une relation avec les mots imprimés, ce qui nous permet de vérifier la similitude des images visuelles et des sons ; en outre, nous devrions utiliser notre connaissance des sons de la nature, des sons musicaux et des sons des mots afin d'établir une correspondance entre les lettres et les sons. En outre, nous utilisons les informations de notre intelligence kinesthésique pour donner un sens aux sensations visuelles et auditives. Dès que nous organisons les données de manière grammaticale, la structure syntaxique, les transformations mathématiques logiques, les intelligences interpersonnelle et intrapersonnelle sont mises à contribution (Armstrong, 2003).

Les recherches suivantes sont présentées à titre d'exemples de littérature sur l'écriture, l'IM et d'autres sujets connexes. Dans une étude visant à déterminer s'il existe une relation entre le profil MI des étudiants et leurs compétences en matière d'écriture, Marefat (2007) a examiné les notes obtenues par les participants à l'examen de leur cours de rédaction d'essai ainsi que leur MI. L'instrument qu'elle a utilisé était l'inventaire MI de McKenzi (1999) (p.154). Les résultats ont révélé que les intelligences existentielle, kinesthésique et interpersonnelle contribuaient le plus à prédire les notes de rédaction. Rahimi et Qannadzadeh (2010) ont mené une autre étude sur la relation entre l'utilisation quantitative des connecteurs logiques, en termes de nombre et de type, dans les rédactions d'essais en langue anglaise des Iraniens et leurs intelligences linguistique et logique/mathématique. Dans l'ensemble, l'intelligence logique/mathématique était significativement liée à l'utilisation d'un plus grand nombre de connecteurs logiques dans leurs rédactions.

Dans une étude plus récente, Amiryousefi et Tavakoli (2011) ont mené une étude pour déterminer si l'anxiété liée au test, le type de motivation et les capacités intellectuelles des participants et leurs résultats aux épreuves d'écoute, de lecture et d'écriture du TOEFL IBT présentaient une corrélation significative. Ils ont constaté que l'anxiété liée au test était présente dès le début de l'acte d'écriture ; deuxièmement, certains facteurs tels que le manque de confiance en soi et le respect du temps imparti renforçaient l'anxiété liée au test ; et troisièmement, les intelligences kinesthésique et musicale ainsi que l'écoute et l'écriture se sont révélées être en corrélation. Dans un grand nombre de classes de langues étrangères, les manuels jouent un rôle central dans les programmes éducatifs, mais malheureusement, la plupart des enseignants utilisent une méthode routinière pour enseigner ces manuels. D'autre part, les apprenants sont différents et apprennent différemment. Il est donc essentiel de prendre en compte les différences individuelles dans les programmes, les plans de cours et les méthodes d'enseignement. Bien qu'un nombre considérable d'études aient été menées sur l'enseignement des langues basé sur les intelligences multiples, peu de recherches ont été rapportées dans les écoles secondaires pour explorer la relation entre l'IM et les compétences d'écriture en L2.

Naseri et NejadAnsari (2013) estiment que "la capacité à écrire est une compétence à laquelle les enseignants et les apprenants ont accordé peu d'attention dans le contexte iranien. Une petite partie du temps de classe est allouée au développement de cette compétence. Les étudiants rédigent la plupart du temps en dehors de la salle de classe et cherchent de l'aide auprès d'autres sources. L'écriture est souvent considérée comme un moyen de renforcer le vocabulaire ou les connaissances grammaticales plutôt que comme un outil de communication d'idées. Cependant, les élèves peuvent idéalement bénéficier de leur potentiel individuel en matière d'intelligence pour l'acte d'écriture, une tentative dont la mise en évidence apportera des avantages précieux. En gardant toujours un œil sur les intelligences des élèves, on peut espérer faire beaucoup pour répondre aux différents besoins des différents élèves dans différents contextes. Les enseignants peuvent avoir d'autres choix que celui d'accorder trop d'importance au QI en tant que seul facteur important dans l'apprentissage, ce qui créera un sentiment d'égalité en se concentrant sur tous les individus, quel que soit leur type d'intelligence, et pas seulement sur ceux qui ont un QI élevé". (p. 283)

Par conséquent, l'objectif de la présente étude étant d'examiner les relations possibles entre la créativité et la capacité d'écriture, elle pourrait résoudre certains problèmes d'enseignement et d'apprentissage de cette capacité.

2.3.1 La nature de l'écriture

Richards et Renandya (2005) affirment que "l'écriture ne consiste pas simplement à écrire un mot après l'autre pour former une phrase ou à écrire une phrase l'une à côté de l'autre pour former un paragraphe. La difficulté réside dans la génération et l'organisation d'idées ainsi que dans la traduction de ces idées par écrit en langue anglaise (EFL Writing) en un texte cohérent, précis, informatif et lisible. L'écriture, ce n'est pas toujours des mots prononcés mis sur le papier". (p. 112) Richards (2003) explique la différence entre la langue écrite et le discours parlé en mentionnant que la langue écrite utilise un vocabulaire et une syntaxe différents. Il utilise des clauses complexes plutôt que simples, une plus grande variété de types de clauses, des phrases verbales et des temps plus complexes, un vocabulaire plus spécifique et davantage d'artifices. SelonHaring (1994), Dixon (1986) et Johnstone, Ashbaugh et Warfield (2002), l'écriture ne se limite pas à l'utilisation de symboles orthographiques, en fonction d'un certain objectif. Elle exige également de sélectionner et d'organiser l'expérience en fonction d'un objectif particulier.

Le débat sur le processus et/ou le produit se poursuit dans le domaine de l'enseignement de l'écriture. L'approche par le processus aborde l'écriture sous un angle nouveau ; elle est complètement différente des approches précédentes en matière d'écriture. Selon Kroll (1990), cette approche offre un environnement encourageant, positif et collaboratif dans lequel les apprenants, avec suffisamment de temps et moins d'interférences, peuvent travailler sur leurs processus de composition. Dans l'approche basée sur le processus, l'écriture est considérée comme un "processus non linéaire, exploratoire et génératif par lequel les écrivains découvrent et reformulent leurs idées tout en essayant d'approcher la raison". Contrairement à l'approche basée sur le produit, cette approche se concentre sur le besoin de guidance et d'intervention du rédacteur tout au long du processus d'écriture, plutôt que sur le contrôle des modèles lexicaux, organisationnels et syntaxiques. L'approche de l'enseignement de l'écriture basée sur le processus tente d'éviter l'imposition peut-être prématurée de ces modèles et adopte plutôt l'idée que le contenu, les idées et le besoin de communiquer déterminent la forme (Silva, 1990). Selon les expressivistes, comme Macrorie, Elbow, Murray, Emig et Cole, le fait de fournir aux élèves écrivains des commentaires et des corrections linguistiques est considéré comme un facteur délétère qui interfère dans le processus délicat de leur pensée créative et de leur écriture libre. Ils soutiennent les techniques de classe qui encouragent les étudiants à prendre le contrôle de leur propre prose. (Kroll 1990). D'autre part, bien que les cognitivistes, comme Raimes, Zamel, Kraples, Spack et Fried Lander, fassent tout leur possible pour minimiser l'interférence du professeur d'écriture dans le processus cognitif productif de l'écriture de leurs étudiants, ils soutiennent qu'en plus du retour d'information des enseignants sur les caractéristiques macroéconomiques des textes de leurs étudiants, le retour d'information sur leurs caractéristiques microéconomiques semble également être essentiel.

Les compétences en matière d'écriture sont nécessaires dans la vie de tous les jours, dans la créativité, dans les affaires et dans les études. En outre, Carroll (1990) estime que "l'écriture est l'invention la plus importante de l'histoire de l'humanité parce qu'elle fournit un enregistrement relativement permanent d'informations, d'opinions, de croyances, de sentiments, d'arguments, d'explications et de théories. Elle nous permet de partager notre communication non seulement avec nos contemporains, mais aussi avec les générations futures. Elle permet à des personnes d'un passé proche ou lointain de nous parler. Il est essentiel que les enseignants emploient des méthodes d'enseignement efficaces qui renforcent la capacité des élèves à communiquer leurs idées et leurs sentiments par l'écriture. (p. 1)

L'amélioration des compétences linguistiques influence la capacité de production d'une personne. Plusieurs chercheurs ont révélé que la réussite personnelle dans les disciplines est fortement liée à la capacité d'écriture d'une personne (Lerstrom, 1990) et dépend de bonnes compétences en écriture (Cho & Schunn, 2007). Plus précisément, "de bonnes compétences en écriture sont nécessaires à la formation puisque des recherches antérieures ont prouvé que l'écriture est une partie importante du programme de l'école élémentaire" (Lidvall, 2008). Cependant, la plupart des apprenants appréhendent généralement les activités d'écriture, et l'enseignement de l'écriture reste un domaine peu intéressant pour ces élèves (Lidvall, 2008 ; Clark, 2004). En outre, l'absence de stratégies d'apprentissage appropriées en matière d'écriture entraîne un manque de motivation chez les étudiants (Lo & Hyland, 2007 ; Yang & Chung, 2005). Pour résoudre ces problèmes, Lipstein et Renninger (2007) suggèrent que les étudiants intéressés sont plus susceptibles d'améliorer leur compréhension de l'écriture, de se fixer des objectifs d'écriture, de demander un retour d'information sur leur écriture et d'utiliser diverses stratégies. Il convient donc de mieux comprendre comment développer une stratégie d'apprentissage ou un outil de création adapté pour développer l'intérêt et la motivation des étudiants pour l'écriture.

De nombreuses études ont été menées sur les éléments pertinents liés aux attitudes à l'égard de l'écriture en termes de pédagogie et de stratégie d'apprentissage. Par exemple, Brindley et Schneider (2002)

ont indiqué que l'enseignement de l'écriture devrait évoluer vers un ensemble plus efficace de stratégies et de techniques comprenant l'écriture guidée, la modélisation, l'écriture interactive et l'écriture partagée (Routman, 1991 ; Pinnell&Fountas, 1998). En ce qui concerne la stratégie d'apprentissage visant à favoriser l'écriture, Lee (1994) a démontré comment les images peuvent être utilisées comme une stratégie d'écriture guidée efficace pour faciliter le processus d'écriture des élèves et améliorer leurs compétences en la matière. Plus précisément, un tel enseignement utilisant des images dans un environnement d'écriture guidée peut aider les apprenants débutants en langue étrangère à favoriser et à améliorer leurs compétences en matière d'écriture ainsi qu'à réduire leur anxiété en termes d'expression dans la langue cible.

2.3.2 Compétences rédactionnelles

Palmer (1986) analyse les compétences liées à l'écriture sous cinq rubriques :

"A) Compétences graphiques ou visuelles :

1. Écrire les graphèmes (lettres de l'alphabet).
2. L'orthographe.
3. Ponctuation et majuscules.
4. Format (comme la présentation d'une lettre ou d'une liste de courses).

B) Compétences grammaticales : Il s'agit de la capacité des élèves à utiliser avec succès une variété de modèles et de constructions de phrases.

C) Les compétences expressives ou stylistiques : Elles comprennent la capacité des élèves à exprimer des significations précises à travers différents styles.

D) Compétences rhétoriques : Elles se réfèrent à la capacité des élèves à utiliser des dispositifs de cohésion linguistique. Les éléments de la rhétorique ont été traités sous cinq rubriques : l'invention, l'arrangement, la diction, la mémoire et l'exécution.

E) Compétences organisationnelles : Il s'agit de compétences liées à l'organisation d'éléments d'information en paragraphes et en textes, ce qui implique d'ordonner les idées et d'éviter les informations non pertinentes". (pp. 101-102)

2.3.3 L'écriture comme processus

Min et Li (2007) estiment que "le processus d'écriture consiste à apprendre à écrire en écrivant" (p. 42). (p. 42) Cette approche actuelle de l'enseignement de l'écriture se concentre sur le processus de création de l'écriture plutôt que sur le produit final. Le principe de base du processus d'écriture est que tous les élèves peuvent écrire et que l'accent est mis sur la création d'un contenu de qualité et sur l'apprentissage des genres d'écriture. Johnstone et al. (2002) affirment que "l'écriture est un processus interactif impliquant les éléments suivants :

1. La mémoire à long terme du rédacteur : Elle comprend la connaissance du sujet, du public et des plans d'écriture développés au cours des expériences précédentes.
2. L'environnement de la tâche : Il s'agit du problème rhétorique spécifique auquel le rédacteur est confronté (par exemple, le sujet et le public).
3. Les processus d'écriture : Il s'agit de sous-processus de planification, de traduction, de révision et de contrôle." (p. 78)

L'interaction entre ces éléments est importante pour améliorer les compétences en matière d'écriture. Par exemple, les écrivains dont la mémoire à long terme est mise à jour dans un environnement riche en tâches significatives sont susceptibles d'améliorer leurs compétences en matière d'écriture.

Lindsay et Knight (2006) décomposent le processus d'écriture en trois étapes :

4. - Préparation : Penser au lecteur, réfléchir à la raison pour laquelle nous écrivons, penser au contenu et décider de la mise en page et du style appropriés.
5. Rédaction : Rassembler nos idées sous forme de projet. C'est probablement tout ce dont nous avons besoin pour des choses comme les listes de courses et les mémos. Gebhardt et Rodrigues (1989) indiquent que la rédaction et la reformulation peuvent être effectuées plusieurs fois au cours du processus d'écriture.
6. Révision et réécriture : Écrire plusieurs fois pour que le texte soit cohérent et clair". (pp. 94-95)

Le chercheur de la présente étude pense que les apprenants EFL ont besoin de plus de pratique pour se concentrer sur ces étapes créatives et développer leurs compétences en matière d'écriture.

2.3.4 Mécanique de l'écriture

Norman, Singer, McPherson et Bradburn (2005) estiment que la mécanique de l'écriture est une sous-compétence de l'écriture. Ils la définissent comme "la sous-compétence qui comprend des éléments tels que la ponctuation, l'orthographe, les abréviations, les acronymes, etc. Ces conventions comprennent les signes de ponctuation, les majuscules, les abréviations techniques, les contractions, les participes, les gérondifs, les nombres, les pronoms, les chiffres, les acronymes et les unités de mesure. Trois d'entre elles sont présentées ci-dessous.

2.3.4.1 Capitalisation

King (2003) considère les majuscules comme une forme de ponctuation en ce sens qu'elles aident à guider l'œil et l'esprit dans un texte. Il affirme que l'usage courant des majuscules pour commencer les phrases et les noms de famille est assez clair ; cependant, une bonne part de mystère entoure l'utilisation des majuscules dans d'autres domaines de l'écriture.

2.3.4.2 Ponctuation

Angelillo (2002) estime que "les signes de ponctuation sont l'une des composantes de la mécanique de l'écriture. Ces signes sont divisés en signes internes - se référant aux signes de ponctuation à l'intérieur de la phrase - et en signes de fin - qui sont utilisés à la fin d'une phrase ou d'une question". (p. 9) Sun (2003) a établi une autre classification des signes de ponctuation en distinguant les signes internes au mot, tels que les apostrophes et les traits d'union, les signes entre les mots et les signes de fin.

2.3.4.3 Cohérence et cohésion

La cohérence est vraiment nécessaire pour permettre au lecteur de suivre le flux d'idées et le sens voulu par l'auteur. Richards (1990) mentionne l'idée de l'efficacité de la cohérence comme une qualité importante d'une écriture efficace. Gebhardt et Rodrigues (1989) soulignent l'importance de la cohérence pour que les idées restent cohérentes, chaque phrase devant être liée à la phrase qui la précède et à celle qui la suit. Ils mentionnent "quatre outils qui améliorent la cohérence :

1. Répétition de mots, d'idées, de phrases, etc.
2. Synonymes.
3. Référence aux pronoms.
4. Marqueurs transitoires" (p. 23)

De nombreux chercheurs s'accordent à dire que la cohésion, au niveau macro, est liée à l'établissement de liens entre les idées, tandis qu'au niveau micro, elle concerne l'établissement de liens entre les phrases et les expressions. La cohésion fait référence aux dispositifs linguistiques explicites qui relient les phrases d'un texte. Ces dispositifs de cohésion comprennent la référence, la cohésion lexicale, la substitution, la conjonction et l'ellipse (Halliday&Hasan, 1985), et comme ils sont clairs au niveau de la surface d'un texte, la cohésion devrait être relativement simple à identifier.

2.3.5 Enseigner l'écriture

Harmer (2001) présente "quatre raisons d'enseigner l'écriture aux étudiants d'anglais langue étrangère. Il s'agit du renforcement, du développement de la langue, du style d'apprentissage et de l'écriture en tant que compétence:1- Renforcement : certains étudiants acquièrent les langues de manière orale/auditive ; d'autres tirent profit du fait de voir la langue écrite. La démonstration visuelle de la construction de la langue est inestimable pour la compréhension et la mémorisation. Il est utile pour les étudiants d'écrire la nouvelle langue peu de temps après l'avoir étudiée. 2- Développement de la langue : le processus d'écriture est différent du processus d'expression orale ; le premier nous aide à apprendre au fur et à mesure. L'activité mentale de construction de textes écrits corrects fait partie des expériences d'apprentissage en cours. 3- Le style d'apprentissage : certains élèves acquièrent rapidement la langue simplement en regardant et en écoutant. D'autres ont besoin de plus de temps pour produire la langue d'une manière plus lente, ce qui rend l'écriture appropriée pour ces apprenants. 4- L'écriture en tant que compétence : la raison la plus essentielle d'enseigner l'écriture est qu'il s'agit d'une compétence linguistique de base comme l'expression orale, l'écoute et la lecture. Les élèves doivent savoir comment écrire des lettres, des compositions, des essais, des rapports, et comment utiliser les conventions de l'écriture". (pp. 79-84)

2.3.5.1 Les principes de l'enseignement de l'écriture

Tang (2006) présente quelques "principes de développement des compétences d'écriture dans l'enseignement de l'écriture et la manière dont ils peuvent être appliqués dans les classes d'anglais langue seconde : 1 - Sensibiliser les étudiants : Il faut aider les étudiants à comprendre le rôle de l'écriture dans l'apprentissage de la langue. 2- Les étudiants ont des idées : Les étudiants doivent non seulement exposer leurs idées, mais aussi les développer". Il incombe aux enseignants d'aider les élèves à analyser leurs propres idées par le biais de l'enseignement. 3- Lire pour écrire : L'écriture n'existe pas seule. Avant de commencer à écrire, l'apprenant doit lire pour apprendre la langue et se familiariser avec certains modèles ou structures rhétoriques. 4- Enseigner le processus d'écriture : Le processus d'écriture se caractérise par la prise de conscience de l'auteur du processus d'écriture et l'intervention d'un enseignant ou de pairs à tout moment du processus d'écriture pour améliorer les compétences d'écriture au lieu de corriger les erreurs. Cette approche vise à permettre aux élèves de partager des informations, de faire des choix personnels en matière de lecture et d'écriture, d'assumer la

responsabilité de leur propre tâche d'apprentissage, de considérer l'écriture comme un processus et de développer la coopération. 5- Créer une classe centrée sur l'apprentissage dans le cadre d'une communication active : Fondamentalement, l'écriture est une communication verbale.
Le point de vue selon lequel l'écriture est une communication verbale trouve le soutien le plus solide dans la théorie dialogique du langage de Bakhtin. Elle implique la nature interactive de l'écriture. (p. 209)

2.3.6 Pré-rédaction

Commencer à écrire est un problème pour beaucoup, en particulier pour les jeunes écrivains. Tompkins (2001) souligne que l'étape la plus négligée est celle de la pré-écriture. Blackburn-Brockman (2001) signale que de nombreux étudiants en formation initiale à l'enseignement dans le cadre d'un cours sur les méthodes de composition avouent qu'ils n'écrivaient pas sérieusement au collège et au lycée, et que beaucoup n'écrivaient pas du tout à l'avance. Il s'agit pourtant d'une phase importante du processus d'écriture, souvent négligée par les écrivains débutants. Thorne (1993) indique que la préécriture est la compétence la plus importante sur laquelle il faut insister et qu'il faut pratiquer largement dans les cours d'écriture de base. Elle décrit les rédacteurs débutants comme négligeant presque universellement les activités de préécriture. Elle propose quelques lignes directrices pour enseigner efficacement la préécriture.

Le terme "pré-écriture" a deux significations différentes. Il peut désigner le stade précédant l'apprentissage de l'écriture par les enfants, ce que l'on appelle les compétences manuelles. L'autre signification, qui fait l'objet de cette étude, concerne les activités préalables telles que les questions préalables, l'utilisation d'aides visuelles et les discussions de groupe.

Selon le chercheur, la théorie des schémas, expliquée en détail dans la partie de ce chapitre consacrée à la pré-écriture, est également directement liée aux activités de pré-écriture. Cette affirmation est mentionnée parce que le but ultime de l'utilisation des activités de pré-écriture est d'activer ou de développer les connaissances de base des élèves pour qu'ils écrivent avec plus de succès. Par conséquent, le chercheur vous renvoie aux informations présentées dans la partie de ce chapitre consacrée à la pré-lecture et ne reprend pas les idées susmentionnées sur la théorie des schémas, les connaissances de base, etc.

De nombreuses études ont été réalisées sur l'importance de la phase et des activités de pré-écriture qui sont directement et indirectement liées au thème de la présente étude. Par exemple, Bailey (1993) se concentre sur l'utilisation de techniques de pré-écriture couramment enseignées. Go (1994) affirme que les enseignants d'anglais langue seconde peuvent utiliser des activités de pré-écriture dès les premières étapes de l'enseignement pour aider leurs élèves à acquérir de bonnes compétences linguistiques. Winter (1996) a étudié la perception qu'ont les élèves de la valeur d'un plan de résolution de problèmes de préécriture. Zhang et Vukelich (1998) ont étudié les activités de préécriture et le genre. Brodney, Reeves et Kazelskis (1999) ont étudié l'influence des traitements de pré-écriture sur la qualité du discours écrit. Huang (1999) et Smith (1999) ont étudié l'utilisation par les élèves des idées fournies par les pairs au cours des discussions de pré-écriture. Worden (2009) a étudié la préécriture et la révision dans les essais chronométrés.

En outre, Schweiker-Marra et Marra (2000) et LaRoche (1993) ont examiné les effets des activités de pré-écriture sur des facteurs psychologiques tels que l'attitude et l'anxiété. De nombreuses études ont manipulé la technologie dans l'utilisation des activités de pré-écriture, car elle est flexible à cet égard, par exemple Kozma (1991), Huang (1999), Roberts (2002), Woolley (2002) et Lorenz et al. (2009).

Bailey (1993) a réalisé une étude sur l'utilisation des techniques de préécriture chez onze étudiants d'anglais langue seconde, issus de différents milieux linguistiques, inscrits à un cours de composition pour débutants. Il a examiné l'utilisation des stratégies de préécriture et des techniques d'invention enseignées en classe, en cherchant à savoir : (1) si elles étaient utilisées lorsqu'elles n'étaient pas spécifiquement requises ; (2) la relation entre la façon dont une heuristique était enseignée et la façon dont elle était utilisée ; (3) la variété et la fréquence d'utilisation ; (4) la relation entre l'expérience d'écriture en langue maternelle (L1), la maîtrise de la langue seconde (L2) et l'utilisation de diverses techniques ; et (5) la façon dont le contenu généré par l'écriture d'invention était incorporé dans un brouillon. Les données ont été recueillies à partir de l'écriture préalable des étudiants et des premières ébauches d'un total de vingt-deux essais. Les résultats indiquent que les auteurs d'ALS utilisent diverses techniques d'invention de manière productive, et que celles-ci ne sont apparemment pas liées à l'expérience de l'écriture en L1 ou à un niveau élevé de compétence en L2. Cependant, l'expérience en L1 et la maîtrise de la L2 peuvent avoir un impact limité sur l'utilisation spécifique des techniques. Les sujets ont clairement préféré les techniques qui se prêtent à l'approximation et à la traduction du dialogue intérieur du processus de composition, et il semble qu'ils aient instinctivement adapté les techniques d'invention pour se conformer à la réalité psychologique du processus de composition lorsque la technique, telle qu'elle est enseignée, s'en écarte.

Sur la base des études antérieures consultées par le chercheur, les conclusions suivantes peuvent être tirées.

1. Les activités de pré-écriture aident les élèves à planifier et à organiser leurs histoires et aident les auteurs réticents à trouver la motivation d'écrire.
2. Les rédacteurs ESL utilisent de manière productive diverses techniques d'invention.
3. Les activités de pré-écriture aident non seulement les étudiants à acquérir la langue cible de manière plus efficace, mais elles développent également des compétences interpersonnelles, de réflexion et de planification qui peuvent être utilisées dans d'autres domaines.
4. Les stratégies de pré-écriture ont permis d'améliorer les compétences et les attitudes en matière d'écriture.
5. Les apprenants préfèrent certaines activités à d'autres en fonction de leur style d'apprentissage et de la nature du sujet.
6. Les étudiants ont estimé que l'utilisation d'un plan de résolution des problèmes avant la rédaction était bénéfique, en particulier pour les messages persuasifs.
7. Le sexe et le niveau d'études des élèves ont eu une forte influence sur l'efficacité de la préécriture, les femmes obtenant systématiquement de meilleurs résultats que les hommes.
8. La technologie, en particulier l'ordinateur et le multimédia, constitue un excellent moyen d'utiliser les activités de pré-écriture car elle est très flexible, motivante et interactive.

Mogahed (2013) estime qu'un cadre englobant l'étape de pré-écriture de manière exhaustive est indispensable. Ce cadre divise cette étape en deux sections et chaque section comporte diverses activités que les rédacteurs peuvent choisir en fonction de leur style d'apprentissage et de la nature du sujet de l'écriture.Les rédacteurs devraient avoir la liberté de choisir parmi les différentes activités de pré-écriture.Sur la base du contexte théorique précédent et des études antérieures, le cadre de pré-écriture suivant est suggéré par Mogahed.

2.3.6.1 Le cadre proposé par Mogahed

En fait, la préécriture peut être divisée en deux étapes : l'invention et l'arrangement. La première concerne les activités qui peuvent être utilisées pour trouver de bonnes idées et s'inspirer. L'apprenant doit essayer différentes activités d'invention jusqu'à ce qu'il trouve celles qui lui conviennent le mieux. Il doit être ouvert à d'autres options.

Parfois, l'apprenant peut trouver que les activités habituelles ne fonctionnent pas pour un travail d'écriture particulier. Il doit donc être prêt à faire preuve de souplesse. Le dernier point concerne l'organisation des idées que les apprenants ont formulées au cours de la phase d'invention.

2.3.6.1.1 Activités d'invention

Plusieurs activités d'invention sont proposées aux écrivains débutants, qui peuvent choisir celle qui leur convient. Les activités d'invention peuvent inclure le brainstorming, l'écriture libre, l'énumération, le questionnement, le regroupement, l'interview, le bouclage, etc.

2.3.6.1.2 Activités d'arrangement

Mogahed (2013) poursuit en disant qu'à ce stade, le rédacteur doit envisager l'organisation du contenu. Les activités d'organisation s'appuient sur les activités d'invention développées précédemment. Une fois que le rédacteur a avancé quelques idées au cours d'une activité d'invention, il doit les organiser d'une certaine manière en fonction de la nature du sujet. L'une des méthodes les plus utilisées pour organiser les idées est celle des organisateurs graphiques.

2.3.6.1.3 Organisateurs graphiques

Les organisateurs graphiques peuvent être utilisés sous différentes formes, à la discrétion de l'enseignant ou de l'apprenant : graphiques, tableaux, toiles, diagrammes de Venn et organigrammes. La forme de l'organisateur graphique est donc choisie en fonction de la nature du sujet sur lequel l'apprenant va écrire. Mogahed (2013) les énumère comme suit : carte en forme d'araignée, chaîne d'événements, carte en arête de poisson, tableaux, cartes de l'histoire, diagrammes de cause et d'effet, lignes du temps, toile, cartographie conceptuelle, organigrammes, diagrammes de Venn.

Sur la base des idées et des perceptions susmentionnées de différents universitaires et chercheurs sur les activités de pré-écriture et du cadre de Mogahed, trois activités de pré-écriture, le pré-questionnement, l'utilisation d'aides visuelles (contexte pictural) et la discussion de groupe ont été sélectionnées et leur impact sur la lecture et l'écriture est examiné dans le cadre de la présente étude. Ces trois activités préalables sont donc expliquées en détail dans les parties suivantes de ce chapitre.

2.4 Aides visuelles

Dans l'apprentissage d'une seconde langue, l'utilisation d'aides visuelles est une stratégie d'enseignement indispensable dans les classes d'anglais langue seconde (ESL) et d'anglais langue étrangère (EFL) (Allen, Kate & Marquez, 2011). Ils estiment que l'utilisation d'aides visuelles dans le processus d'enseignement d'une langue étrangère peut renforcer ce que les apprenants ont appris et accroître leur intérêt.

Dans leur article, ils proposent l'impact positif de l'utilisation des supports visuels et concluent que les enseignants devraient prendre conscience des stratégies dans lesquelles ils peuvent utiliser les supports visuels et les utiliser à bon escient dans la classe pour améliorer l'apprentissage des étudiants.

Les aides visuelles peuvent être définies comme l'utilisation d'objets, de dessins, de tableaux, de photographies, de vidéos, de présentations multimédias, etc. dans la salle de classe. Dans notre vie de tous les jours, nous sommes constamment en contact avec de nombreux supports visuels, qui peuvent également être bénéfiques pour l'apprentissage. Les chercheurs sont convaincus de l'effet positif des supports visuels sur l'apprentissage. Gambrell et Jawitz (1993) ont indiqué que les aides visuelles utilisées pendant l'enseignement d'un texte peuvent améliorer la compréhension du texte, car leur utilisation rend les apprenants plus engagés dans le texte. L'impact des supports visuels dans le processus d'enseignement est très important, car l'utilisation de supports visuels non liés peut diminuer l'apprentissage des apprenants. Par conséquent, Hibbing et Rankin-Erickson (2003) ont déclaré qu'une façon de se débarrasser de cet obstacle est de demander aux apprenants de critiquer les visuels et de trouver la relation entre les visuels et le texte.

D'autre part, Dolati (2011) a déclaré que bien que les enseignants soient convaincus de l'impact significatif des supports visuels, ils ne savent pas comment les utiliser en classe. Par conséquent, dans cet article, il propose différents types d'aides visuelles et la manière dont elles peuvent être utilisées en classe. Yunus, Salehi et John (2013) ont mené une recherche pour étudier l'opinion des enseignants sur l'utilisation des aides visuelles en classe. Ils ont donc sélectionné 52 professeurs d'anglais en Malaisie et les ont interrogés. La majorité des enseignants sont convaincus de l'effet significatif des aides visuelles sur les supports d'enseignement. En fait, ils utilisent les supports visuels pour impliquer les étudiants et rendre les supports plus intéressants pour eux.

Craig et Amernic (2006) ont tenté d'étudier l'effet de l'utilisation de PowerPoint comme aide visuelle sur l'apprentissage. Ils estiment que dans tous les contextes éducatifs, il devrait y avoir une présentation appropriée et complète pour améliorer l'apprentissage des étudiants. L'utilisation de PowerPoint en tant qu'outil pédagogique précieux leur permettra donc d'atteindre cet objectif.

En outre, Geranmayeh, Jourkouye et Vahdani (2013) se sont concentrés sur l'effet des aides visuelles sur la capacité de compréhension orale des apprenants iraniens de niveau intermédiaire en anglais langue étrangère. Pour mener à bien cette recherche, les chercheurs ont choisi au hasard 90 apprenants EFL de niveau intermédiaire et les ont répartis en deux groupes, l'un de contrôle et l'autre expérimental. Le groupe de contrôle a reçu un enseignement traditionnel, tandis que le groupe expérimental a bénéficié d'un traitement renforcé par des aides visuelles. Le résultat de leur recherche a montré que les étudiants bénéficiant d'une aide visuelle améliorée avaient de meilleures performances.

Comme l'indiquent toutes ces études, les aides visuelles peuvent nous fournir une nouvelle façon d'améliorer l'apprentissage. Le concept d'aide visuelle est large et comprend différents types, c'est pourquoi les chercheurs et les enseignants croient en l'utilisation des aides visuelles. L'objectif premier des utilisateurs d'aides visuelles est d'impliquer davantage les étudiants et de les aider à mieux apprendre de nouveaux matériaux.

En ce qui concerne l'utilisation d'images en tant qu'aides visuelles, Wilson (1986) met l'accent sur le soutien visuel pour éviter les problèmes de compréhension. Elle pense également que les aides visuelles peuvent être exploitées comme une sorte de stratégie d'élicitation. En outre, elle favorise une classe dans laquelle les élèves utilisent des illustrations pour accomplir une tâche spécifique.

Ellis (1993) mentionne que "les stimuli visuels, comme les stimuli verbaux, sont organisés dans la compréhension et la mémoire" (p. 26). (p. 26) Il ajoute également que l'organisation des stimuli visuels est une conséquence du traitement perceptif, qui est ascendant, ou axé sur les données, à son premier stade, mais que le traitement descendant est affecté par la connaissance conceptuelle à un stade ultérieur.

Pour étayer l'enseignement par l'illustration, Paivio (1971) présente la théorie du double codage de l'apprentissage à partir de mots et d'images. Cette théorie indique que les apprenants peuvent construire trois types de connexions lorsqu'on leur présente du matériel verbal et visuel. McDaniel et Waddill (1994) ont mené une recherche pour déterminer dans quelle mesure les images peuvent améliorer la mémorisation des informations présentées sous forme de texte, en particulier les informations spécifiques à un élément (détaillées) et les informations relationnelles. Ils ont conclu qu'à condition que les lecteurs aient les capacités de compréhension requises au départ, les images permettent l'extraction et, dans des circonstances normales, n'encodent pas efficacement.

Comme le rapporte Benson (1997), le grand philosophe Aristote signale que sans image, la pensée est impossible. Pourtant, l'importance et l'utilité de l'utilisation d'aides visuelles à l'apprentissage dans les salles de classe commencent à peine à être comprises et à se banaliser dans l'enseignement. Cependant, peu d'enseignants de langues semblent être conscients de cette évolution ou s'y intéresser. Cela s'explique peut-être par le fait que l'écrit et l'oral sont au cœur de la pédagogie et du programme d'enseignement des langues. La théorie du double codage de Paivio (1971) pourrait contribuer à changer les attitudes des professeurs de langues. En effet, elle reconnaît que les fondements verbaux de l'apprentissage sont inextricablement liés aux aspects visuels et aux outils d'apprentissage et qu'ils les soutiennent de manière substantielle.

2.4.1 Les implications significatives de la théorie du double codage pour l'enseignement des langues

La théorie du double codage de Paivio (1986) souligne essentiellement l'idée que le processus cognitif du cerveau humain se déroule en relation avec le traitement de l'information dérivée de l'interaction d'éléments verbaux et visuels. Cette théorie a donc eu des implications significatives pour l'éducation. Son importance a été particulièrement reconnue par ceux qui s'intéressent à l'utilisation des multimédias dans l'éducation (par exemple Mayer, 1994). Les éducateurs de la petite enfance ont peut-être été plus enthousiastes, car ils reconnaissent plus clairement le rôle des aides visuelles à l'apprentissage pour motiver et aider les jeunes élèves à apprendre.

Dolati et Richards (2011) affirment qu'au fil du temps, tous les éducateurs se rendent compte que les apprenants de tous âges peuvent bénéficier d'un enseignement où l'on fait un usage approprié et efficace des aides visuelles à l'apprentissage. Ces aides peuvent aider à traduire des processus verbaux complexes en messages visuels/verbaux faciles à comprendre. Naturellement, les capacités visuelles et verbales évoluent à mesure que les apprenants vieillissent et que le processus d'apprentissage s'accélère. Cela permet de comprendre comment mieux exploiter les aides visuelles à l'apprentissage dans la classe de langue.

2.4.2 L'importance des images dans le processus d'apprentissage

L'utilisation d'images revêt une grande importance dans le processus d'enseignement et d'apprentissage. Hill (1990) affirme que la classe standard est l'un des moyens possibles d'apprentissage de la langue cible. Il ajoute que les supports visuels ont l'avantage d'être peu coûteux, d'être disponibles dans la plupart des situations, d'être personnels, c'est-à-dire qu'ils sont choisis par l'enseignant, ce qui entraîne une sympathie automatique entre l'enseignant et le matériel, et donc une utilisation enthousiaste, et d'apporter des images dans le monde non naturel de la classe de langue.

Selon Klasone (2013), "l'apprentissage est un processus complexe et les supports visuels, en particulier les images, sont d'une grande aide pour stimuler l'apprentissage d'une langue étrangère. L'élève doit utiliser ses oreilles autant que ses yeux, mais c'est l'œil qui est le premier canal d'apprentissage. De bons supports visuels aideront à maintenir le rythme de la leçon et la motivation de l'élève. Comme nous apprenons surtout par le biais de stimuli visuels, plus ces stimuli sont intéressants et variés, plus notre apprentissage sera rapide et efficace". (p. 24) Bowen (1991, cité par Klasone, 2013) dit à propos des supports visuels dans l'enseignement des langues : ils varient le rythme de la leçon : - Ils encouragent les apprenants à lever les yeux de leurs livres, ce qui rend plus facile et plus naturel le fait de parler à l'autre ;

- Ils permettent à l'enseignant de parler moins en diminuant l'importance des stimuli verbaux fournis par la voix de l'enseignant, et aux élèves de parler plus ;
- Ils enrichissent la classe en apportant des sujets du monde extérieur qui sont rendus réels et immédiats par les images ;
- Ils mettent en lumière des questions, en apportant une nouvelle dimension de réalisme dramatique et en clarifiant les faits ;
- Un étudiant doté d'une imagination créative découvrira souvent qu'il apprend une nouvelle langue facilement et avec plaisir grâce à l'utilisation d'images, alors qu'il lui est difficile d'apprendre uniquement à partir d'un manuel et d'un dictionnaire ;
- Ils facilitent et rendent plus naturelle une approche communicative de l'apprentissage des langues ;
- Ils permettent d'enseigner l'écoute, l'expression orale, la lecture et l'écriture et permettent à l'enseignant d'intégrer ces compétences de manière constructive ;
- Ils stimulent l'imagination de l'enseignant et des élèves ;
- Ils offrent une grande variété à tous les niveaux de compétence.

En conséquence, Wright et Hallem (2001, cité dans Klasone, 2013) considèrent également que les images ont un rôle majeur à jouer dans le développement des compétences des élèves. Il y a deux raisons en particulier pour l'écoute et la lecture :

- Les significations que nous tirons des mots sont affectées par le contexte dans lequel ils se trouvent : les images peuvent représenter ou contribuer grandement à la création de contextes dans la classe ;
- Il est souvent utile que les élèves puissent réagir à un texte de manière non verbale : les images offrent la possibilité d'une réponse non verbale.

Bowen (1991, cité par Klasone, 2013) classe les images en quatre catégories différentes. Il s'agit des images murales et des tableaux muraux, des images de séquence, des cartes flash et des dessins au tableau.

2.4.3 Images dans l'enseignement des langues étrangères

Comme le signale Hill (1990), "la salle de classe standard" n'est généralement pas un environnement très propice à l'apprentissage des langues. C'est pourquoi les enseignants recherchent des aides et des stimuli variés pour améliorer cette situation. Les images sont l'une de ces aides précieuses. Elles apportent "des images de la réalité dans le monde non naturel de la classe de langue" (p. 1). (p. 1) Les images n'apportent pas seulement des images de la réalité, mais peuvent également fonctionner comme un élément amusant dans la classe. Il est parfois surprenant de constater à quel point les images peuvent modifier une leçon, même si elles ne sont utilisées que pour des exercices supplémentaires ou simplement pour créer une atmosphère.

Les images peuvent faciliter différents aspects de l'enseignement et de l'apprentissage des langues étrangères. À cet égard, Wright (1990) démontre ce fait à l'aide d'un exemple, où il a utilisé une image compilée et illustré la possibilité de l'utiliser dans cinq domaines linguistiques très différents. Son exemple montre l'utilisation d'images pour enseigner la structure, le vocabulaire, les fonctions, les situations et les quatre compétences. En outre, il affirme que "le potentiel des images est si grand que l'on ne peut donner qu'un avant-goût de tout leur potentiel" dans son livre. Selon Hill (1990), outre les leçons où les images sont au centre de l'attention, elles peuvent être utilisées comme "stimulus pour l'écriture et la discussion, comme illustration de quelque chose qui est lu ou dont on parle, comme toile de fond d'un sujet, etc.

Cependant, McCarthy (1992) et Thornbury (2004) estiment que "les images ont aussi leurs limites". Par exemple, dans l'enseignement du vocabulaire, les images ne sont pas adaptées ou suffisantes pour montrer le sens de tous les mots. Il est difficile d'illustrer le sens de certains mots, en particulier les mots abstraits tels que "opinion" ou "impact". Par conséquent, dans certains cas, d'autres outils sont utilisés pour démontrer le sens, ou bien les images peuvent être complétées par d'autres outils.

Wright (1990) donne quelques raisons d'utiliser des images dans l'enseignement des langues. Comme il le mentionne, elles sont motivantes et attirent l'attention des apprenants. Ce fait sera démontré à plusieurs reprises dans la partie pratique de cette thèse. En outre, il fait référence au fait qu'elles donnent une idée du contexte de la langue et fournissent un point de référence ou un stimulus spécifique. De plus, les images conviennent à tout groupe d'apprenants, quel que soit leur âge ou leur niveau, et peuvent être utilisées de multiples façons.

Hill (1990) cite plusieurs avantages des images, tels que "la disponibilité (on peut les trouver dans n'importe quel magazine, sur Internet, etc.) ; elles sont bon marché, souvent gratuites ; elles sont personnelles (l'enseignant les sélectionne) ; la flexibilité - faciles à conserver, utiles pour divers types d'activités (forage, comparaison, etc.), elles sont "toujours fraîches et différentes", ce qui signifie qu'elles se présentent sous une variété de formats et de styles et, de plus, l'apprenant se demande souvent ce qui va suivre". (p. 1)

En ce qui concerne la relation entre la lecture, l'écriture et les supports visuels, il peut être utile de tenir compte de la perception de Richards et Renandya (2002) sur ces questions. Ils soulignent que "rien ne s'apprend dans le vide". Le passage de la notion d'écriture en tant que produit à l'écriture en tant que processus et la notion d'intégration des compétences ont amené les chercheurs à intégrer certaines compétences ou certains supports à la compétence d'écriture". Aujourd'hui, de nombreux chercheurs et théoriciens estiment que la lecture et l'écriture sont généralement décrites comme des "processus parallèles" ou des "partenaires naturels" (Tierny& Pearson, 1983 ; Trosky& Wood, 1982 ; Tsai, 2008), où les activités des lecteurs sont le reflet des activités des écrivains (Smith, 1983). D'autre part, Richards et Renandya (2002) estiment que certains supports picturaux tels que les images, les vidéos et les logiciels peuvent stimuler l'écriture.

2.5 Question préalable

Le questionnement est l'une des stratégies qui permettent d'obtenir des informations de base avant la lecture, de susciter un intérêt pour la lecture et de relier les idées au passé, au présent et à l'avenir (Supanic, 2006). Pendant des décennies, les questions ont été utilisées comme un support important de l'enseignement de la compréhension de la lecture. Les cahiers d'exercices en sont remplis et les manuels des enseignants comprennent de nombreuses questions avant et après la lecture à utiliser pour discuter des textes lus par les élèves (Pearson & Johnson 1974, cités dans Koumy 1996). Comme l'ont indiqué Anderson et Pearson (1984), "les questions ont une longue tradition dans l'enseignement de la lecture". En fait, on ne peut nier l'omniprésence des questions dans les salles de classe. (Armbruster, 1992 ; Armbruster, Anderson, Armstrong, Wise, Janish, & Meyer, 1991 ; Pearson & Johnson, 1984 ; Raphael &Gavelek, 1984 ; cité dans Lee 2006).

Pour la première fois, au début des années 1960, la recherche sur la lecture a commencé à mettre l'accent sur l'apprentissage de la prose et sur la manière dont l'utilisation de questions affecte la compréhension de la prose. Depuis lors, plusieurs articles ont tenté d'analyser l'impact des questions sur la compréhension de la lecture (Gall, 1984 ; Hamilton, 1985 ; Raphael & Gavelek, 1984 ; Rickards, 1979 ; cité dans Young, 1988). Les résultats des études réalisées ont prouvé que les questions posées par l'enseignant ont un effet positif sur la compréhension et augmentent la mémorisation du matériel par les apprenants. (par exemple Boker, 1974 ;

Felker&Dapra, 1975 ; Guzsak, 1986 ; Rothkopf&Bilington, 1974 ; Watts & Anderson, 1971 ; cité dans Koumy, 1996).

La question préalable est une aide pédagogique bénéfique car elle attire l'attention des apprenants sur la partie la plus importante de la leçon (Bean, 1985 ; Rickard, 1976). En outre, les questions préalables ont pour effet de stimuler la curiosité des élèves à l'égard d'un passage à lire, d'activer les connaissances préalables sur le contenu et d'amener les élèves à élaborer ce qu'ils lisent (Moore, Readence&Rickelman, 1983).

En outre, Royer, Bates et Konold (1983) estiment que le pré-questionnement consiste à présenter aux élèves une série de questions écrites ou orales. Taglieber et al. (1988) mentionnent également que le fait de demander aux élèves de générer leurs propres questions sur le sujet de l'extrait de lecture.

Les idées de Carrell (1988) permettent d'interpréter que l'objectif de cette pré-activité est double. Comme il le souligne, "la pré-question a pour fonction de motiver les élèves à lire ce qui suit dans un but précis, c'est-à-dire pour obtenir les informations nécessaires pour répondre à la question. La motivation est l'un des facteurs les plus importants qui peuvent aider les élèves dans le processus de lecture" (p. 247). Il précise également que le pré-questionnement a pour fonction d'amener les élèves à prédire, dans un contexte donné, de quoi traitera le texte avant de l'étudier. À cet égard, Grellet (1981) affirme également que "plus les élèves sont impatients de lire et anticipent dans leur esprit ce que le texte pourrait leur réserver, plus il leur sera facile de saisir les points principaux du passage" (p. 62). Il ajoute que ces questions préalables rendent les élèves "conscients de ce qu'ils souhaitent apprendre sur le sujet" puisque ces questions fixent les objectifs de la lecture.

Il convient de rappeler (comme mentionné dans la partie de son chapitre consacrée à la pré-lecture) que, d'un autre point de vue, Tudor (1989) suggère cinq autres catégories d'activités préalables liées au contenu (a) des questions préalables auxquelles il faut répondre après avoir lu le texte ; (b) des questions préalables pour activer les connaissances du lecteur sur le sujet ; (c) des organisateurs de contenu (par exemple, des résumés) ; (d) des prédictions basées sur le titre, les sous-titres, les illustrations ou une lecture rapide du texte ; et (e) une préparation à la lecture intégrée (combinant les éléments ci-dessus). En ce qui concerne les activités préalables suggérées par Tudor, Taglieber (1988) a constaté que les deux derniers types d'activités (à savoir l'utilisation d'illustrations pour faire des prédictions et la formulation de questions) sont plus efficaces pour faciliter la compréhension des étudiants EFL que l'enseignement préalable du vocabulaire. Elle signale également trois problèmes majeurs qui interfèrent avec la compréhension du lecteur.

1. Manque de vocabulaire.
2. Difficulté à utiliser les indices linguistiques de signification.
3. Manque de connaissances conceptuelles.

Elle a affirmé que les activités pratiques précédentes suivantes peuvent contribuer à résoudre ces problèmes :

1. Contexte pictural
2. Questions préalables
3. Pré-enseignement du vocabulaire

De nombreuses études soulignent l'efficacité des questions préalables pour améliorer la compréhension de la lecture et la capacité d'écriture des élèves (Anderson & Biddle, 1975 ; Cerdan et al., 2009 ; Pressley et al., 1989). Selon Olson, Duffy et Mack (1985), la réponse à ces questions peut être considérée comme un indicateur d'une sorte de préparation à la compréhension du texte. Ils ajoutent que les questions soutiennent également la construction d'une représentation du réseau causal, ce qui permet une meilleure compréhension du texte dans son ensemble. Par ailleurs, Pressley et al. (1989) estiment que le fait de répondre à des questions relatives au texte à lire améliore l'apprentissage de ce dernier, car les questions incitent le lecteur à trouver des relations entre les informations demandées et celles auxquelles il a répondu et concentrent l'attention du lecteur sur les moments nécessaires à la compréhension du texte. Cependant, l'effet positif des questions de soutien n'est pas inconditionnel. Il est d'autant plus efficace qu'il aide réellement le lecteur à se concentrer sur la recherche de relations entre les informations perçues et les informations résultantes qu'il est censé obtenir à la suite de la compréhension du texte lu.

Les recherches effectuées dans ce domaine ont donné lieu à différentes études. Par exemple, Wisendanger et Wollenberg (1978) ont examiné l'effet des questions préalables sur la compréhension de la lecture en L1 des élèves de troisième année. Quatre-vingt-dix élèves ont été répartis en trois groupes - deux groupes expérimentaux et un groupe de contrôle. Le premier groupe a reçu le traitement de pré-questionnement avec des questions d'ordre élevé (questions déductives). Le deuxième groupe a reçu un traitement de pré-questionnement avec des questions de bas niveau (questions factuelles). Le troisième groupe n'a reçu aucune question. Après avoir lu un texte, tous les groupes d'élèves ont été soumis à un test visant à évaluer leur compréhension globale du texte. Lorsque les élèves ont été exposés à un traitement de pré-questionnement, ils n'ont pas réussi à progresser autant que ceux qui n'ont pas reçu de pré-questions. En revanche, dans le cadre des traitements de pré-questionnement, les étudiants ayant reçu des pré-questions déductives ont obtenu des résultats significativement plus élevés que les étudiants ayant reçu des pré-questions factuelles. Les chercheurs ont conclu que les préquestions factuelles conduisent les élèves à concentrer leur attention sur une partie particulière du texte et empêchent la compréhension de l'ensemble du texte. Pour prendre conscience des différences entre ces deux types de questions, Brown (2001) a considéré les questions référentielles comme des questions qui nécessitent une interprétation et un jugement et dont l'enseignant lui-même peut ignorer la réponse, tandis que les questions d'affichage sont des questions dont le questionneur connaît la réponse à l'avance.

En outre, dans une étude expérimentale, Taglieber, Johnson et Yarbrough (1988) ont proposé aux sujets de l'expérience trois activités de pré-lecture : deviner le contenu de la lecture à partir d'images, apprendre du vocabulaire avant de lire et poser des questions avant de lire. Le groupe de contrôle n'a bénéficié d'aucune des trois activités de pré-lecture. Un pré-test et un post-test ont été administrés aux deux groupes. Il s'est avéré que le groupe expérimental a obtenu de meilleurs résultats que le groupe de contrôle. En outre, les scores de lecture obtenus dans le cadre de la lecture avec devinette du contenu de la lecture à partir d'images et de la question préalable à la lecture étaient meilleurs que ceux obtenus dans le cadre de la lecture avec apprentissage du vocabulaire avant la lecture.

Dans une autre étude, Thongyon et Chiramanee (2011) ont étudié l'effet de deux types d'activités de pré-lecture sur la capacité de compréhension de la lecture des apprenants. Les deux activités de pré-lecture mises en œuvre consistaient à deviner le contenu de l'histoire à l'aide d'images et à poser des questions avant la lecture. Il a été constaté que les deux groupes de sujets ont obtenu des résultats nettement meilleurs dans le post-test que dans le pré-test. Toutefois, l'analyse comparative des résultats des deux groupes au post-test a révélé que le groupe ayant bénéficié de l'activité de devinettes sur le contenu de l'histoire à l'aide d'images a obtenu des résultats nettement supérieurs à ceux du groupe ayant bénéficié de l'activité de questions avant la lecture.

Il convient de mentionner que les questions dont nous discutons ici dans la phase de pré-lecture/écriture et qui sont utilisées dans la présente étude ne sont pas destinées à faire passer des tests. Les questions ne sont pas nécessairement différentes des questions des tests, mais leur objectif et la manière dont elles sont utilisées sont tout à fait différents. À cet égard, Nuttal (1982) introduit des questions signalétiques qui seraient d'une grande utilité pour le pré-questionnement. Un panneau indicateur se trouve à un carrefour pour indiquer le chemin aux voyageurs.

En ce qui concerne l'utilisation de questions indicatives au stade de la pré-lecture, Nuttal (1982) indique que "vous pouvez poser une question simple sur l'ensemble du texte, en tant qu'activité initiale descendante ; et/ou vous pouvez en poser une pour chaque section. Écrivez la question au tableau et demandez à la classe de lire le texte en silence et de trouver la réponse. Après la lecture silencieuse, éventuellement suivie d'une discussion de groupe, vérifiez si les élèves ont été capables de le faire. Si un bon nombre d'entre eux n'y sont pas parvenus, laissez la question ouverte et expliquez que vous y reviendrez plus tard, en évitant de donner une réponse vous-même si vous le pouvez. (p. 160) En outre, Johnson (1981) soutient la méthode. Il affirme que l'enseignement par pré-questionnement consiste à ce que l'enseignant pose des questions sur un passage et que les élèves répondent aux questions, ce qui permet aux élèves de se fixer des objectifs de lecture [et d'écriture].

Les résultats des études susmentionnées ont permis au chercheur de la présente étude de prendre conscience de l'importance des activités de pré-lecture dans l'enseignement de la compréhension de la lecture et de la capacité d'écriture. La présente étude a donc pour but d'examiner les effets de trois tâches préalables à l'activité, à savoir l'utilisation d'aides visuelles (contexte pictural), la discussion de groupe et les questions préalables.

2.6 Discussion en groupe

L'apprentissage coopératif est une stratégie d'enseignement en groupe qui relève de l'approche centrée sur l'apprenant. C'est pourquoi certaines définitions, perceptions et études réalisées dans ce domaine sont également présentées dans cette partie. Pour commencer, il convient de mentionner que de nombreux éducateurs donnent des définitions différentes de l'apprentissage coopératif. Par exemple, Slavin (1995) définit l'apprentissage coopératif comme "un programme d'enseignement dans lequel les élèves travaillent en petits groupes pour s'aider mutuellement à maîtriser le contenu scolaire". Brown (1994) affirme que "l'apprentissage coopératif implique que les étudiants travaillent ensemble par paires ou en groupes et qu'ils partagent des informations. Ils forment une équipe dont les membres doivent travailler ensemble afin d'atteindre leurs objectifs avec succès". En outre, Kessler (1992) propose une définition de l'apprentissage coopératif, en particulier dans le contexte de l'apprentissage des langues. Il mentionne que "l'apprentissage coopératif est un regroupement d'étudiants au sein d'une classe, généralement à des niveaux différents de compétence en langue seconde/étrangère, qui apprennent à travailler ensemble sur des tâches ou des projets spécifiques de telle manière que tous les étudiants du groupe bénéficient de l'expérience interactive".

En conséquence, Smith et MacGregor (1992) soulignent que l'apprentissage collaboratif est une interaction sociale impliquant une communauté d'apprenants et d'enseignants, où les membres acquièrent et partagent des expériences ou des connaissances. Les élèves ont tendance à s'approprier davantage leur matière et à réfléchir de manière critique aux questions qui s'y rapportent lorsqu'ils travaillent en équipe. Le processus de collaboration améliore l'apprentissage des élèves et développe leurs compétences sociales telles que la prise de décision, la gestion des conflits et la communication. Une déclaration brève et informative est présentée par Goodsell et al. (1992). Ils mentionnent que l'apprentissage collaboratif représente un changement significatif par rapport à l'approche typique centrée sur l'enseignant ou sur les cours magistraux et qu'il est désormais centré sur l'apprenant.

Selon Johnson (2005), la coopération ne consiste pas à assigner une activité à un groupe d'élèves où un élève fait tout le travail et les autres mettent leur nom sur le papier. Au contraire, l'apprentissage coopératif est une stratégie d'enseignement dans laquelle de petits groupes, dont les membres ont des niveaux différents, utilisent une variété d'activités d'apprentissage pour améliorer leur compréhension de la leçon. En outre, Richards & Rodgers (2001) ont indiqué qu'"un principe central de l'apprentissage coopératif des langues est que les apprenants développent une compétence communicative dans une langue en conversant dans des situations socialement ou pédagogiquement structurées" (p.194).

En ce qui concerne les discussions de groupe, Celce-Murcia (1991) estime que les discussions ont également permis d'activer les connaissances des étudiants et, grâce à l'échange d'informations, d'améliorer leur connaissance du sujet. Les discussions peuvent être lancées en posant simplement des questions sur le contenu du texte ou en utilisant un "guide d'anticipation" qui est une série d'affirmations souvent provocatrices par nature, destinées à remettre en question les connaissances et les croyances des élèves sur le contenu du passage (p. 225).

En outre, Nuttal (1982) affirme également que la discussion favorise la lutte active avec le texte et que les étudiants apprennent les processus de pensée critique que les bons lecteurs utilisent. Le travail en groupe est idéal, car dans les petits groupes, même les élèves les plus faibles doivent être actifs et participer au processus d'enseignement et d'apprentissage. La procédure fonctionne à presque tous les niveaux, et la discussion peut se dérouler dans la langue maternelle si les étudiants ne peuvent pas la gérer dans la langue étrangère.

Atwood, Turnball et Carpendale (2010) mentionnent que Jean Piaget et Lev Vygotsky considèrent l'apprentissage des élèves comme un processus actif qui permet à chaque élève de développer son apprentissage par le biais d'expériences sociales. Ces expériences aident les élèves à faire le lien entre le contenu de la classe et les situations de la vie réelle. Par conséquent, il est important d'établir des liens entre les sujets scientifiques abordés en classe et les connaissances antérieures des élèves, tout en permettant aux apprenants de communiquer leurs idées à leurs camarades de classe d'une manière respectueuse et propice à l'apprentissage des sciences (Emdin, 2010 ; Larson, 2000 ; Shemwell&Furtak, 2010).

D'un autre point de vue, le fait de penser et de parler comme des scientifiques est généré par un environnement d'apprentissage positif où la communication est encouragée et où l'enseignant permet aux étudiants de penser par eux-mêmes sans toujours avoir la bonne réponse (Emdin, 2010 ; Mitchell, 2010). Larson (2000) mentionne qu'une fois que les enseignants permettent aux élèves de discuter de leurs pensées à haute voix entre eux, les apprenants commenceront à développer leur propre apprentissage tout en obtenant des informations de la part de leurs pairs. Il ajoute que lorsqu'ils participent à des discussions en classe, les élèves sont actifs dans leur apprentissage et sont capables d'associer les sujets abordés à des expériences qu'ils ont déjà vécues. En conséquence, Llewellyn (2005) estime que ces connaissances soutiennent la théorie constructiviste selon laquelle "l'apprenant filtre constamment les informations reçues en fonction de ses conceptions existantes et de ses idées préconçues pour construire et reconstruire sa propre compréhension" (p.28).

Certains universitaires et chercheurs proposent différentes techniques et lignes directrices pour améliorer la performance des activités de discussion de groupe. Par exemple, certains d'entre eux (Atwood, Turnball et Carpendale, 2010 ; Emdin, 2010 ; Larson, 2000 ; Marcum-Dietrich, 2010 ; Mitchell, 2010) estiment que les discussions en classe doivent être pratiquées au début de chaque année scolaire afin que les élèves comprennent clairement ce que l'on attend d'eux. Ils ajoutent que l'enseignant doit définir les attentes en matière de discussion et que les élèves doivent comprendre qu'ils sont responsables de leur propre apprentissage. En outre, les enseignants doivent s'approprier le commentaire de chaque apprenant après qu'il se soit exprimé. Ils mentionnent également que l'enseignant doit créer un environnement de classe dans lequel tous sont des participants égaux.

D'autres (Atwood, Turnball, &Carpendale, 2010 ; Larson, 2000 ; Mitchell, 2010) affirment que les élèves doivent se sentir très à l'aise avant de pouvoir communiquer leur point de vue sur un sujet avec leurs pairs. Ils proposent également une solution. Selon eux, la meilleure façon de favoriser ce niveau de confiance est de laisser aux élèves le temps de travailler dans des groupes d'apprentissage coopératif avant de devoir s'exprimer devant une salle entière composée de leurs camarades de classe. Les enseignants peuvent superviser et observer ces premières réunions avant de participer activement aux discussions avec les élèves. Une fois que les élèves sont plus à l'aise avec le format de discussion, une discussion en groupe entier peut s'ensuivre, ce qui peut leur donner la confiance nécessaire pour partager différents points de vue.

En outre, certains d'entre eux (Emdin, 2010 ; Larson, 2000 ; Mercer, 2010 ; Mitchell, 2010) affirment que la stratégie Prédire-Observer-Expliquer (POE) permet également aux élèves d'exprimer leurs idées à leurs camarades de classe. Ils peuvent ainsi discuter et prendre part à leur propre conception des expériences. Dans les groupes d'apprentissage coopératif, les apprenants peuvent prévoir les matériaux et les étapes à inclure dans leur expérience, ils peuvent observer leurs décisions en testant leurs idées et, en tant que classe, ils peuvent expliquer si leurs idées ont été couronnées de succès ou d'échec.

Mitchell (2010) affirme qu'un moyen d'amener les étudiants à parler en tant que scientifiques est de leur apprendre à poser des questions en tant que scientifiques. Il appelle ces questions des questions de "réflexion". "Les questions de réflexion sont celles qui indiquent une réflexion sur le contenu et sur la compréhension et les expériences des élèves" (p.183). Cette stratégie permet à l'enseignant de comprendre ce sur quoi les élèves ont encore besoin d'aide et ce qu'ils comprennent.

Certains chercheurs qui effectuent des recherches sur les discussions basées sur des textes expriment diverses théories en faveur de l'utilisation des discussions comme moyen de promouvoir la compréhension de la lecture et la capacité d'écriture des étudiants. Ces théories comprennent des perspectives cognitives, sociocognitives, socioculturelles et dialogiques sur l'apprentissage et l'enseignement. Par exemple, McKeown, Beck et Blake (2009) affirment que, d'un point de vue cognitif, la discussion est un moyen de promouvoir l'engagement actif dans la création de sens à partir d'un texte. D'un point de vue sociocognitif, Almasi (1995) mentionne que la discussion permet aux étudiants de rendre publiques leurs perspectives sur les questions soulevées par le texte, d'examiner les perspectives alternatives proposées par leurs pairs et de tenter de réconcilier les conflits entre les points de vue opposés. Wells (2007) explique que, dans une perspective socioculturelle, la discussion permet aux élèves de co-construire des connaissances et des compréhensions sur le texte et d'intérioriser des modes de pensée qui favorisent les connaissances, les compétences et les dispositions nécessaires pour les transférer à la lecture de nouveaux textes. Dans une perspective dialogique et sur la base de l'idée de Nystrand (2006), la tension et le conflit entre les perspectives relatives et les voix concurrentes dans la discussion sur le texte contribuent à façonner le discours et la compréhension des élèves.

D'un autre point de vue, McCafferty et al. (2006) estiment que malgré les nombreux avantages des activités de groupe, des difficultés surgissent également, difficultés qui ont conduit certains éducateurs à renoncer à appliquer le travail de groupe. Ces difficultés comprennent "la non-participation des membres, les groupes qui ne s'entendent pas ou les apprenants qui ne sont pas en mesure d'accomplir la tâche". L'apprentissage coopératif est apparu dans le courant dominant de l'éducation comme un effort pour résoudre ces difficultés et pour accélérer de manière générale l'interaction entre les étudiants". (p. 3)

L'effet de la discussion sur le texte en tant que moyen de promouvoir la compréhension de la lecture et l'aptitude à l'écriture a été démontré dans une série d'études empiriques. Les résultats d'une étude corrélationnelle à grande échelle menée par Nystrand et Gamoran (1991) indiquent que les caractéristiques de la discussion en classe entière sont positivement liées à la compréhension de la lecture et à la réponse littéraire des élèves. Ces résultats ont été largement reproduits dans une étude menée par Applebee, Langer, Nystrand et Gamoran (2003), qui confirme que les discussions ouvertes et les défis académiques sont positivement liés à la compréhension de la lecture et aux résultats littéraires des élèves. Langer (2001) a également montré que les discussions en classe entière et en petits groupes étaient l'une des caractéristiques des pratiques pédagogiques dans les écoles où les niveaux de réussite en matière d'alphabétisation étaient les plus élevés.

Dans sa recherche, Romero (2009) s'est concentré sur la comparaison entre l'effet de l'apprentissage coopératif et la méthode traditionnelle dans les classes de l'enseignement secondaire et du début de l'enseignement post-secondaire. Les résultats de cette étude montrent que l'apprentissage coopératif améliore les résultats des élèves.

Une autre étude menée par Momtaz et Garner (2010) a examiné l'effet de l'apprentissage coopératif sur la compréhension de la lecture. Les résultats de cette étude ont révélé que l'apprentissage par la coopération a un effet significatif sur la compréhension de la lecture. De même, JavadiRahavard (2010) a étudié l'effet de l'étude de la coopération sur la compréhension de la lecture des apprenants iraniens d'anglais langue étrangère à Bandar-Abbas. Les résultats montrent que les étudiants qui ont des tâches de coopération obtiennent de meilleurs résultats.

En ce qui concerne l'effet de la coopération sur l'écriture, nous pouvons nous référer à une étude réalisée par Ekawat (2010) qui a examiné l'effet de l'apprentissage coopératif sur la rédaction de résumés par des étudiants universitaires. Le chercheur a conclu que l'apprentissage coopératif permettait aux étudiants d'écrire de manière plus précise et avec moins d'erreurs grammaticales.

Applebee et al. (2003) estiment que les discussions ouvertes sont positivement liées à la compréhension de la lecture par les élèves. Langer (2001) a également confirmé que les discussions en classe entière et en petits groupes étaient l'une des caractéristiques des pratiques pédagogiques dans les situations éducatives avec des niveaux de réussite plus élevés en matière d'alphabétisation.

Une méta-analyse réalisée par Murphy, Wilkinson, Soter, Hennessey et Alexander (2009) a fourni des preuves supplémentaires des effets de la discussion sur la compréhension de la lecture. Murphy et al. (2009) ont analysé les résultats de 42 études à groupe unique et à groupes multiples afin d'examiner les effets de différentes approches de discussion sur la compréhension de la lecture par les élèves. Les résultats indiquent que de nombreuses approches de discussion, en particulier celles qui sont davantage liées au texte, sont efficaces pour promouvoir la compréhension de la lecture chez les élèves.

Par conséquent, cette pré-activité (discussion de groupe) est également sélectionnée pour être étudiée dans ce projet de recherche. Par conséquent, l'utilisation d'aides visuelles, le questionnement préalable et la discussion de groupe sont trois tâches préalables à l'activité dont l'impact probable sur la compréhension de la lecture et la capacité d'écriture des Iraniens de niveau intermédiaire sera étudié dans le cadre de cette étude expérimentale.

Chapitre 3

Méthodologie

3.1 Introduction

Pour atteindre l'objectif de cette étude, qui est d'examiner l'effet de trois tâches de préactivité (question préalable, discussion de groupe et aides visuelles) sur la compréhension de la lecture et la capacité d'écriture, le chercheur a mené une étude quasi-expérimentale. Ce chapitre fournit quelques détails sur les sujets, le processus et les instruments qui ont été utilisés pour collecter et analyser les données.

3.2 Méthode et conception

Cette étude est une recherche quasi-expérimentale. En d'autres termes, elle cherche à déterminer les effets possibles de trois activités préalables sur les compétences en lecture et en écriture. Dans cette étude, quatre groupes - un groupe de contrôle et trois groupes expérimentaux - ont été examinés. Dans le groupe de contrôle, aucun traitement n'a été utilisé ; en d'autres termes, le matériel a été enseigné sans activité préalable et de manière conventionnelle. Par ailleurs, chaque groupe expérimental a été conçu pour chaque tâche de pré-activité. En fait, dans l'ensemble du processus d'enseignement du matériel, une seule tâche de préactivité spécifique a été appliquée à chaque groupe. Quatre pré-tests ont été administrés au début dans quatre groupes afin d'évaluer les capacités de lecture et d'écriture des apprenants. Ces pré-tests ont également été utilisés pour vérifier l'homogénéité des participants. En outre, quatre post-tests ont été utilisés à la fin de l'étude. En d'autres termes, tous les pré-tests et post-tests étaient différents mais correspondaient au même niveau. Les résultats de ces pré-tests et post-tests seront analysés afin d'étudier l'effet des tâches de pré-activité sur la compréhension de la lecture et la capacité d'écriture dans le prochain chapitre de cette étude.

3.3 Les participants

Les participants à cette étude sont 52 apprenants iraniens d'EFL de même niveau - intermédiaire - qui étudient dans les instituts Shokuh et Safir, à Birjand, en Iran. Ils sont âgés de 16 à 25 ans. Des étudiants et des étudiantes ont participé à cette étude. Ces participants étaient répartis dans quatre classes : 13 participants dans le groupe de contrôle, 13 participants dans le groupe des questions préliminaires, 12 participants dans le groupe des aides visuelles et 14 participants dans le groupe de discussion. Les caractéristiques de ces 52 participants sont indiquées dans le tableau 3.1.

Tableau 3.1

participants ' Spécifications

	Nombre		Pourcentage
Genre	Homme	18	35%
	Femme	34	65%
L'âge	16-20	30	58%
	20-25	22	42%

3.4 Instruments et matériel

Dans cette partie, tous les instruments et matériels utilisés pour mener à bien cette recherche seront mentionnés. Les 16 sessions de cette étude sont les suivantes.

3.4.1 Tests TOEFL

Le test TOEFL (Test of English as a Foreign Language) est l'un des tests les plus acceptés et les plus connus dans le monde. De nos jours, la plupart des chercheurs utilisent les tests TOEFL pour obtenir les données dont ils ont besoin, car leur validité et leur fiabilité ne font aucun doute. Les tests TOEFL se présentent sous deux formes : PBT (Paper-based Test) et iBT (Internet-based Test). Bien que l'iBT ait été innové fin 2005, il pourrait remplacer progressivement le PBT et le CBT (Computer-based Test). D'ailleurs, le PBT est encore utilisé dans certaines régions. Le test TOEFL intègre les quatre compétences - lecture, écriture, expression orale et écoute - pour mesurer l'aptitude globale à communiquer dans une langue étrangère. En détail, dans un test TOEFL, le candidat est soumis à un test de lecture et doit lire un texte et répondre à un certain nombre de questions, à un test d'écriture et doit écrire correctement sur un certain sujet, à un test d'écoute et doit écouter des conversations et répondre à des questions, et enfin à un test d'expression orale et doit s'exprimer sur un certain sujet.

Dans cette étude, le chercheur a préféré utiliser une version papier du TOEFL tirée du *Longman Preparation Course for the TOEFL Test (le test papier)* (Phillips, 2005). Comme cette étude ne concerne que des étudiants de niveau intermédiaire, le chercheur a d'abord fait passer un test de compétence TOEFL à tous les participants pour s'assurer qu'ils atteignaient tous le niveau intermédiaire. Ensuite, un test de compréhension de la lecture et un test d'écriture du TOEFL ont été utilisés au début de l'étude comme pré-tests dans chaque groupe. Ces pré-tests ont également été utilisés pour vérifier l'homogénéité des participants et pour s'assurer que leur compréhension de la lecture et leur capacité d'écriture étaient au même niveau. En outre, quatre tests de lecture et quatre tests d'écriture du TOEFL ont été administrés dans ces quatre groupes à la fin du traitement, en guise de post-tests. L'échelle de lisibilité a été utilisée pour s'assurer que les tests étaient au même niveau.

3.4.2 Logiciel SPSS (Statistical Package for the Social Science)

Le logiciel SPSS est un logiciel mondial utilisé dans une large mesure pour l'analyse statistique. Toutes les analyses statistiques essentielles de cette étude ont été effectuées à l'aide de la version 20th du logiciel SPSS. Les données recueillies lors des tests TOEFL ont été analysées par le logiciel SPSS. Le logiciel SPSS a également été utilisé pour calculer l'inter-fiabilité des résultats des tests d'écriture.

3.5 Procédure

Dans cette étude, quatre groupes - un groupe de contrôle et trois groupes expérimentaux - ont été étudiés. Dans le groupe de contrôle, la méthode conventionnelle a été utilisée, tandis que dans chaque groupe expérimental, chaque tâche de préactivité a été administrée. En d'autres termes, une tâche d'aide visuelle a été appliquée comme pré-activité dans un groupe expérimental, une tâche de pré-activité de discussion de groupe dans un autre groupe expérimental et une tâche de pré-activité de question dans le troisième groupe expérimental. Les quatre groupes avaient le même niveau - intermédiaire. Au cours de chaque session, la compréhension de la lecture et l'écriture ont été enseignées sur la base d'une tâche de pré-activité spécifique. Lors de la première session, avant tout traitement, un pré-test de compréhension de la lecture et un pré-test d'aptitude à l'écriture ont été administrés à chaque groupe. Ensuite, les traitements ont été menés en 16 sessions. Les niveaux de tous les tests ont été vérifiés à l'aide d'une échelle de lisibilité qui a révélé que tous les tests étaient au même niveau de difficulté. Un test de compétence TOEFL a été utilisé pour vérifier l'homogénéité des participants. Ensuite, le processus d'enseignement a commencé et chaque tâche de pré-activité a été appliquée dans un groupe expérimental. Dans un groupe, le chercheur a utilisé des aides visuelles telles que des images et des photos dans le processus d'enseignement. Avant d'aller en classe, le chercheur devait choisir des images appropriées en rapport avec les thèmes de la lecture et de l'écriture. Dans l'autre groupe expérimental, le chercheur a demandé aux étudiants de former des groupes et de discuter du sujet entre eux. Les participants du groupe expérimental de questions préalables ont été invités à répondre à des questions appropriées avant de commencer le processus d'enseignement. Le chercheur a dû élaborer des questions pertinentes susceptibles d'aider les étudiants à mieux comprendre les leçons. La première moitié de chaque session a été consacrée à l'enseignement de la compréhension de la lecture et la seconde partie à l'enseignement de la capacité d'écriture. Lors de la dernière session, un test de compréhension de la lecture et un test d'écriture ont été administrés à chacun de ces quatre groupes. En d'autres termes, un post-test de compréhension de la lecture et un post-test d'aptitude à l'écriture ont été administrés aux étudiants. Les tests d'écriture ont été corrigés par deux enseignants. Ensuite, l'inter-fiabilité des scores a été déterminée par le logiciel SPSS. Ensuite, en utilisant ce logiciel, les résultats des pré-tests et des post-tests ont été comparés et certaines conclusions utiles ont été révélées.

Chapitre 4

Résultats et discussion

4.1 Introduction

L'objectif principal de cette étude est d'explorer l'effet de trois nouvelles tâches de pré-activité (questions préalables, discussion de groupe et aides visuelles) sur la compréhension de la lecture et l'aptitude à l'écriture. Dans ce chapitre, les hypothèses sont soutenues ou rejetées en fonction des données obtenues à partir des pré-tests et des post-tests. Dans cette étude, six questions de recherche et six hypothèses nulles sont examinées. Pour les analyser, trois tests t indépendants ont été réalisés pour la compréhension de la lecture et trois tests t indépendants ont été utilisés pour l'aptitude à l'écriture afin de comparer les performances des groupes expérimental et témoin. En outre, trois tests t indépendants échantillonnés pour la compréhension de la lecture et trois tests t indépendants échantillonnés pour l'aptitude à l'écriture ont été utilisés pour prouver l'homogénéité des groupes expérimentaux et de contrôle en ce qui concerne la compréhension de la lecture et l'aptitude à l'écriture. Dans l'ensemble, pour s'assurer que tous les participants sont au même niveau, un test de compétence TOEFL a été administré au début de l'étude.

4.2 Résultats

Afin de rendre les résultats plus applicables, ils sont divisés en différentes sections. Au début, un test de compétence TOEFL a été réalisé, ce qui a permis au chercheur de s'assurer que les participants étaient au même niveau - intermédiaire -. Ensuite, le chercheur a entamé la recherche dans différentes sections, comme le montrent les sous-titres suivants. La première partie est consacrée à l'étude de l'effet des questions préalables en tant qu'activité préalable sur la compréhension de la lecture. La partie suivante est consacrée à l'analyse de l'effet des aides visuelles sur la compréhension de la lecture, et la troisième section présente l'effet de la discussion de groupe sur la compréhension de la lecture. Ensuite, les effets de ces trois activités préalables sur la capacité d'écriture sont analysés. Par conséquent, l'effet de la question préalable sur la capacité d'écriture est examiné dans la quatrième partie, les aides visuelles dans la cinquième partie et la discussion de groupe dans la sixième partie.

Mais au début, un test de compétence TOEFL a été appliqué à tous les sujets de l'étude pour s'assurer que leur niveau général de compétence linguistique était intermédiaire. Les résultats ont montré que la moyenne et l'écart-type de tous les sujets sont de 431,94 et 37,59, ce qui les classe dans la catégorie des apprenants intermédiaires.

Après le test de compétence TOEFL qui a confirmé que le niveau général de compétence en anglais des participants était intermédiaire, quatre pré-tests ont été administrés - un certain pré-test pour chaque groupe - afin de vérifier l'homogénéité des étudiants en fonction de leur capacité de compréhension de la lecture et de leur compétence d'écriture. Par conséquent, un test t d'échantillon indépendant est présenté pour les groupes suivants
chacun des pré-tests et post-tests susmentionnés en rapport avec les questions et hypothèses de recherche.

4.2.1 Pré-question et Compréhension écrite

La première question de recherche de la présente étude est la suivante : "La stratégie de la question préalable à l'activité a-t-elle un effet significatif sur la capacité de compréhension de la lecture des apprenants iraniens de niveau intermédiaire en anglais langue étrangère ?" Afin de trouver la réponse à cette question, le test t a été utilisé et les résultats sont présentés ci-dessous.

Pour trouver la réponse aux questions de recherche, SPSS (Statistical Package for the Social Sciences) a été utilisé. Tout d'abord, pour vérifier l'homogénéité des groupes de contrôle et de pré-question, un test t a été effectué pour comparer leurs pré-tests au début de l'étude. Le tableau suivant présente les statistiques descriptives du pré-test.

Tableau 4.1

Statistiques du groupe

Prétest		N	Moyenne	Écart std. Écart	Erreur std. Moyenne
scores en lecture au prétest	Pré-test Pré-question Groupe	13	5.2538	1.80121	.49957

	Prétest Groupe de contrôle	13	4.7385	1.51632	.42055

Comme le montre le tableau 4.1, le score moyen total et l'écart-type pour le groupe préquestion sont respectivement de 5,25 et 1,80. En outre, le score moyen et l'écart-type du groupe de contrôle sont de 4,74 (écart-type = 1,52). Les scores moyens obtenus démontrent que ces deux groupes sont très similaires au niveau du scratch.

Le tableau suivant montre les statistiques inférentielles du pré-test entre le groupe de contrôle et le groupe expérimental.

Tableau 4.2

Test d'échantillons indépendants

		Test de Levene pour l'égalité des variances		Test t pour l'égalité des moyennes						
									Intervalle de confiance à 95% de la différence	
		F	Sig.	t	df	Sig. (2tailed)	Différence moyenne	Std. Erreur Différence_ce	Plus bas	Supérieure
Scores de lecture au prétest	Hypothèse de variances égales	1.216	.281	.789	24	.438	.51538	.65302	-.83237	1.86314
	L'égalité des variances n'est pas présumée			.789	23.322	.438	.51538	.65302	-.83445	1.86522

Comme le montre ce tableau, il n'y a pas de différence significative entre les sujets du groupe expérimental et ceux du groupe témoin t = 0,78, p = 0,43, df = 24. On peut donc en déduire que les deux groupes ont obtenu les mêmes résultats au pré-test.

Afin de répondre à la première question de recherche, un test t indépendant a été réalisé pour comparer l'effet de la stratégie de pré-question en tant que tâche de pré-activité sur la capacité de compréhension de la lecture des apprenants iraniens de niveau intermédiaire en anglais langue étrangère.

Tableau 4.3

Statistiques du groupe

Post-test		N	Moyenne	Écart std. Écart	Erreur std. Moyenne
scores en lecture au post-test	posttest pré-question groupe	13	7.1538	1.81871	.50442

	post-test groupe de contrôle	13	4.9846	2.01571	.55906

Tableau 4.4

Test d'échantillons indépendants

		Test de Levene pour l'égalité des variances		Test t pour l'égalité des moyennes						
									Intervalle de confiance à 95% de la différence	
		F	Sig.	t	df	Sig. (2tailed)	Moyenne Différence	Std. Erreur Différenc e _ ce	Plus bas	Supérieure
Scores en lecture au post-test	Hypothèse de variances égales	.174	.681	2.881	24	.008	2.16923	.75298	.61515	3.72331
	L'égalité des variances n'est pas présumée			2.881	23.751	.008	2.16923	.75298	.61429	3.72417

Comme l'illustrent ces tableaux, il y a eu une différence significative dans les scores entre la préquestion (M=7,15, SD=1,81) et le groupe de contrôle [M=4,98, SD=2,01 ; t(24)=2,88, p=..008] après le traitement. Comme la valeur significative est 0,008, soit < 0,05, on peut conclure que la préquestion en tant que tâche de préactivité a un effet significatif sur la compétence de compréhension de la lecture. En effet, la première hypothèse nulle, à savoir "la pré-question en tant que tâche de pré-activité n'a pas d'effet significatif sur la compétence de compréhension de la lecture", est rejetée. Ainsi, la pré-question en tant que tâche de pré-activité a un effet significatif sur la capacité de compréhension de la lecture des apprenants iraniens d'anglais langue étrangère.

4.2.2 Aides visuelles et compréhension de la lecture

Dans cette partie, l'effet des aides visuelles est examiné sur la capacité de compréhension de la lecture. Il convient donc de répondre à la deuxième question de recherche, à savoir "La stratégie des aides visuelles en tant que tâche de pré-activité a-t-elle un effet significatif sur la capacité de compréhension de la lecture des apprenants iraniens de niveau intermédiaire en anglais langue étrangère ? Pour trouver une réponse appropriée à cette question de recherche, des tests t à échantillon indépendant sont nécessaires.

Il convient tout d'abord d'analyser l'homogénéité des groupes de contrôle et des groupes expérimentaux (groupe des aides visuelles). Le tableau suivant présente les statistiques descriptives de ces groupes.

Tableau 4.5

Statistiques du groupe

	Prétest	N	Moyenne	Écart std. Écart	Erreur std. Moyenne
scores en lecture au prétest	pré-test aides visuelles groupe	12	4.8000	2.72263	.78596
	Prétest Groupe de contrôle	13	4.7385	1.51632	.42055

Dans le tableau 4.5, le score moyen et l'écart-type pour le groupe des aides visuelles sont respectivement de 4,8 et 2,7. Pour le groupe témoin, comme le montre le tableau, le score moyen et l'écart-type sont de 4,7 et 1,5. Par conséquent, ces deux groupes étaient très similaires au début du traitement. En d'autres termes, les groupes de contrôle et expérimental étaient homogènes.

Le tableau suivant est également spécifié pour examiner l'homogénéité de ces deux groupes à l'aide de statistiques inférentielles.

Tableau 4.6

Test d'échantillons indépendants

		Test de Levene pour l'égalité des variances		Test t pour l'égalité des moyennes						
		F	Sig.	t	df	Sig. (2tailed)	Différence moyenne	Std. Erreur Différenc e _ ce	Intervalle de confiance à 95% de la différence	
									Plus bas	Supérieu re
Scores de lecture au prétest	Hypothèse de variances égales	6.218	.020	.071	23	.944	.06154	.87200	-1.74233	1.86541
	L'égalité des variances n'est pas présumée			.069	16.929	.946	.06154	.89140	-1.81975	1.94283

Comme le montre le tableau 4.6, il n'y a pas de différence significative entre les sujets du groupe expérimental et ceux du groupe témoin t = 0,07, p = 0,94, df = 23. Par conséquent, on peut conclure que les deux groupes ont obtenu les mêmes résultats au pré-test.

Afin de répondre à la deuxième question de recherche, un test t à échantillon indépendant a été appliqué pour comparer l'effet de la stratégie des aides visuelles en tant que tâche de pré-activité sur la capacité de compréhension de la lecture des apprenants iraniens de niveau intermédiaire en anglais langue étrangère.

Tableau 4.7

Statistiques du groupe

	Post-test	N	Moyenne	Écart std. Écart	Erreur std. Moyenne
scores en lecture au post-test	posttest aides visuelles groupe	12	6.3250	1.72423	.49774
	post-test groupe de contrôle	13	4.9846	2.01571	.55906

Comme le montre le tableau 4.7, le score moyen total et l'écart-type du post-test du groupe "aides visuelles" sont de 6,3 et 1,7 ; en revanche, le score moyen et l'écart-type du groupe "contrôle" sont de 4,9 et 2,01. Comme le score moyen est plus élevé pour le groupe expérimental, ce dernier obtient de meilleurs résultats au post-test, mais pas de manière significative. Le tableau suivant montrera si les aides visuelles ont un effet positif sur la capacité de compréhension de la lecture de manière significative ou non.

Tableau 4.8

Test d'échantillons indépendants

		Test de Levene pour l'égalité des variances		Test t pour l'égalité des moyennes						
		F	Sig.	t	df	Sig. (2tailed)	Différence moyenne	Std. Erreur Différence ce	Intervalle de confiance à 95% de la différence	
									Plus bas	Supérieure
Scores en lecture au post-test	Hypothèse de variances égales	.768	.390	1.779	23	.088	1.34038	.75338	-.21810	2.89887
	L'égalité des variances n'est pas présumée			1.791	22.881	.087	1.34038	.74853	-.20851	2.88928

Le tableau 4.8 montre que t=1,7, df=23, et sig (2-tailed) = .088. La valeur significative est de 0,088 > 0,05, ce qui signifie que la stratégie des supports visuels n'a pas d'effet significatif sur la compréhension de la lecture. Ainsi, la deuxième hypothèse nulle, à savoir "les aides visuelles en tant que tâche de pré-activité n'ont pas d'effet significatif sur la capacité de compréhension de la lecture des apprenants iraniens de niveau intermédiaire en anglais langue étrangère", est acceptée. En d'autres termes, la stratégie des aides visuelles en tant que tâche de pré-activité n'a pas d'effet significatif sur la compréhension de la lecture des apprenants iraniens de niveau intermédiaire en anglais langue étrangère.

4.2.3 Discussion en groupe et compréhension de la lecture

L'effet de la troisième tâche de préactivité sera étudié dans cette partie. À la fin de cette section, nous répondrons à la troisième question de recherche, à savoir "La stratégie de discussion de groupe en tant que tâche de préactivité a-t-elle un effet significatif sur la capacité de compréhension de la lecture des apprenants iraniens de niveau intermédiaire en anglais langue étrangère ? Comme pour les tâches de préactivité précédentes, il faut d'abord s'assurer de l'homogénéité du groupe de contrôle et du groupe de discussion en tant que troisième groupe expérimental. À cette fin, les données suivantes sont analysées dans les tableaux suivants.

Tableau 4.9

Statistiques du groupe

	Prétest	N	Moyenne	Écart std. Écart	Erreur std. Moyenne
scores en lecture au prétest	groupe de discussion sur le pré-test	14	4.5714	1.28388	.34313
	Prétest Groupe de contrôle	13	4.7385	1.51632	.42055

Ce tableau montre que le score moyen et l'écart-type du groupe de discussion sont respectivement de 4,5 et 1,2. D'autre part, le score moyen et l'écart-type pour le groupe de contrôle sont de 4,7 et 1,5. Ces données révèlent donc que ces deux groupes étaient identiques au départ. En d'autres termes, les groupes expérimental et témoin sont homogènes.

Le tableau suivant tente de prouver cette réalité à l'aide de statistiques inférentielles.

Tableau 4.10

Test d'échantillons indépendants

		Test de Levene pour l'égalité des variances		Test t pour l'égalité des moyennes						
		F	Sig.	t	df	Sig. (2tailed)	Différence moyenne	Std. Erreur Différence _ ce	Confiance à 95 Intervalle de la Différence	
									Plus bas	Supérieur e
Scores de lecture au prétest	Hypothèse de variances égales	.767	.389	-.310	25	.759	-.16703	.53934	-1.27782	.94375
	L'égalité des variances n'est pas présumée			-.308	23.629	.761	-.16703	.54277	-1.28819	.95413

Dans le tableau 4.10, t= -.310, df=25, p= .7, il en résulte qu'il n'y a pas de différence entre le groupe de contrôle et le groupe de discussion. Ils sont donc homogènes.

Le tableau suivant montre les différences entre le groupe expérimental et le groupe de contrôle après le traitement.

Tableau 4.11

Statistiques du groupe

	Post-test	N	Moyenne	Écart std. Écart	Erreur std. Moyenne
scores en lecture au post-test	groupe de discussion post-test	14	5.7214	1.36786	.36558
	post-test groupe de contrôle	13	4.9846	2.01571	.55906

Comme le montre le tableau 4.11, le score moyen et l'écart-type des groupes de discussion sont de 5,7 et 1,3. Le score moyen et l'écart-type du groupe témoin sont de 4,9 et 2,01. On peut donc dire que, bien que le score moyen du groupe de discussion soit supérieur à celui du groupe de contrôle, cette meilleure performance n'est pas significative, comme le montre le tableau suivant. Pour déterminer si l'effet de la discussion de groupe est significatif ou non, un test t sur échantillon indépendant a été réalisé et les données sont présentées dans le tableau suivant.

Tableau 4.12

Test d'échantillons indépendants

		Test de Levene pour l'égalité des variances		Test t pour l'égalité des moyennes						
									Intervalle de confiance à 95% de la différence	
		F	Sig.	t	df	Sig. (2tailed)	Moyenne Différence	Std. Erreur Différenc e _ ce	Plus bas	Supérieure
Résultats du post-test en lecture	Hypothèse de variances égales	2.120	.158	1.119	25	.274	.73681	.65853	-.61946	2.09309
	L'égalité des variances n'est pas présumée			1.103	20.925	.283	.73681	.66797	-.65262	2.12625

Le tableau 4.12 indique que t= 1,1, df=25 et p= 0,27. La valeur significative étant de 0,27 > 0,05, on peut conclure que l'effet de la discussion de groupe en tant que tâche de préactivité n'est pas significatif. Par conséquent, la troisième hypothèse nulle, à savoir "la discussion de groupe en tant que tâche de pré-activité n'a pas d'effet significatif sur la compréhension de la lecture des apprenants iraniens de niveau intermédiaire en anglais langue étrangère", est acceptée.

4.2.4 Questions préalables et capacité de rédaction

Dans cette section, l'effet de la pré-question sur la capacité d'écriture sera étudié. Ainsi, la quatrième question de recherche, à savoir "La stratégie de la question préalable en tant que tâche préalable à l'activité at-elle un effet significatif sur la capacité d'écriture des apprenants iraniens de niveau intermédiaire en anglais langue étrangère", sera résolue à l'aide des données obtenues. Comme dans les sections précédentes, dans cette partie, l'homogénéité des groupes de contrôle et expérimentaux doit être examinée statistiquement ; les deux tableaux suivants sont donc spécifiés pour prouver l'homogénéité entre le groupe de pré-question et le groupe de contrôle.

Tableau 4.13

Statistiques du groupe

	Prétest	N	Moyenne	Écart std. Écart	Erreur std. Moyenne
notes d'écriture au prétest	Pré-test Pré-question Groupe	13	7.0385	1.20263	.33355
	Prétest Groupe de contrôle	13	6.5577	1.40740	.39034

Comme le montre le tableau 4.13, le score moyen et l'écart-type pour le groupe pré-question sont de 7,3 et 1,2. Pour le groupe témoin, le score moyen et l'écart-type sont de 6,5 et 1,4. Cela montre une grande homogénéité entre le groupe de contrôle et le groupe pré-question puisque les scores moyens sont très similaires dans ces deux groupes.

Le tableau suivant tente de montrer cette réalité à l'aide de statistiques inférentielles.

Tableau 4.14

Test d'échantillons indépendants

		Test de Levene pour l'égalité des variances		Test t pour l'égalité des moyennes						
		F	Sig.	t	df	Sig. (2tailed)	Différence moyenne	Std. Erreur Différenc e _ ce	Intervalle de confiance à 95% de la différence	
									Plus bas	Supérieu re
Notes d'écriture au prétest	Hypothèse de variances égales	.093	.763	.936	24	.358	.48077	.51344	-.57892	1.54046
	L'égalité des variances n'est pas présumée			.936	23.430	.359	.48077	.51344	-.58029	1.54183

Dans le tableau 4.14, df= 24, f=.93 et p=.35. Le groupe préquestion n'a donc pas obtenu de meilleurs résultats que le groupe témoin. Par conséquent, il n'y a pas de différence significative entre ces deux groupes au début des traitements et ils sont homogénéisés.

Le tableau suivant tente de comparer les groupes expérimental et témoin dans le cas du post-test.

Tableau 4.15

Statistiques du groupe

Post-test	N	Moyenne	Écart std. Écart	Erreur std. Moyenne

notes d'écriture au post-test	posttest pré question groupe	13	7.6731	1.23062	.34131
	post-test groupe de contrôle	13	6.6731	1.44476	.40071

Comme le montre le tableau 4.15, le score moyen et l'écart-type pour le groupe pré-question sont de 7,6 et 1,2 et pour le groupe témoin de 6,6 et 1,4. En attirant l'attention sur la valeur du score moyen, on peut conclure que, bien que les sujets soient plus performants dans le groupe pré-question et qu'ils s'améliorent, leur développement n'est pas significatif. Cette constatation sera analysée clairement dans le tableau suivant.

Tableau 4.16

Test d'échantillons indépendants

		Test de Levene pour l'égalité des Variations		Test t pour l'égalité des moyennes						
									Intervalle de confiance à 95% de la différence	
		F	Sig.	t	df	Sig. (2tailed)	Différence moyenne	Std. Différence d'erreur	Plus bas	Supérieure
Notes d'écriture au post-test	Hypothèse de variances égales	.373	.547	1.900	24	.070	1.00000	.52636	-.08636	2.08636
	L'égalité des variances n'est pas présumée			1.900	23.408	.070	1.00000	.52636	-.08782	2.08782

Comme le montre le tableau 4.16, t= 1,9, df= 24 et p= 0,07> 0,05. La valeur significative étant supérieure à 0,05, on peut conclure qu'il n'y a pas de différence significative entre les groupes pré-question et les groupes de contrôle. En d'autres termes, l'hypothèse nulle, à savoir "la pré-question n'a pas d'effet significatif sur la capacité d'écriture des apprenants iraniens de niveau intermédiaire en langue anglaise", est acceptée.

4.2.5 Aides visuelles et écriture

Cette partie est consacrée à l'analyse de l'effet des aides visuelles en tant que pré-activité sur la capacité d'écriture. Cette partie répondra à la cinquième question de recherche de cette étude, à savoir "La stratégie des aides visuelles en tant que tâche de pré-activité a-t-elle un effet significatif sur la capacité d'écriture des apprenants iraniens de niveau intermédiaire en anglais langue étrangère ? Pour atteindre cet objectif, des tests t à échantillon indépendant sont utilisés. Le premier est spécialisé pour les prétests afin de prouver l'homogénéité des groupes, et le second pour comparer les post-tests afin de rejeter ou de soutenir l'hypothèse.

Tableau 4.17

Statistiques du groupe

Prétest		N	Moyenne	Écart std. Écart	Erreur std. Moyenne
notes d'écriture au prétest	pré-test aides visuelles groupe	12	6.0833	2.13290	.61571
	Prétest Groupe de contrôle	13	6.5577	1.40740	.39034

Le tableau 4.17 montre clairement que le score moyen et l'écart-type pour le groupe "aides visuelles" sont de 6,08 et 2,1 et pour le groupe "contrôle" de 6,5 et 1,4, de sorte que ces groupes étaient très similaires au début de l'étude. Autrement dit, le groupe des aides visuelles et le groupe de contrôle sont homogènes.

Le tableau suivant illustre également la même réalité en d'autres termes.

Tableau 4.18

Test d'échantillons indépendants

L'égalité des		Test de Levene pour		Test t pour l'égalité des moyennes					
				Variations					
								Intervalle de confiance à 95% de la différence	
		F	Sig.	t	df	Sig. (2tailed)	Différence moyenne	Std. Erreur Différence	Plus bas	Supérieure
Notes d'écriture au prétest	Hypothèse de variances égales	1.524	.230	-.661	23	.515	-.47436	.71714	-1.95788	1.00916
	L'égalité des variances n'est pas présumée			-.651	18.831	.523	-.47436	.72902	-2.00114	1.05243

Le tableau 4.18 représente la valeur t= -.66, df= 23, et p= .51. En fait, comme la valeur significative est supérieure à 0,05, il n'y a pas de différence significative entre le groupe des aides visuelles et le groupe de contrôle. Ces deux groupes étaient homogènes au niveau du scratch.

Tableau 4.19

Statistiques du groupe

	Post-test	N	Moyenne	Écart std. Écart	Erreur std. Moyenne
notes d'écriture au post-test	Posttest aides visuelles groupe	12	7.9583	1.03810	.29967
	post-test groupe de contrôle	13	6.6731	1.44476	.40071

Table 4.18 est conçu pour comparer les post-tests de ces groupes afin de vérifier si ces

groupes sont différents de manière significative ou non. Comme les scores moyens du groupe "aides visuelles" et du groupe de contrôle sont respectivement de 7,9 et 6,6, cela prouve que le groupe "aides visuelles" s'est amélioré, mais pas de manière significative. En d'autres termes, le groupe "aides visuelles" n'a pas obtenu de meilleurs résultats que le groupe de contrôle.

Tableau 4.20

Test d'échantillons indépendants

		Test de Levene pour l'égalité des variances		Test t pour l'égalité des moyennes						
		F	Sig.	t	df	Sig. (2tailed)	Différence moyenne	Std. Erreur Différen ce _ ce	Intervalle de confiance à 95% de la différence	
									Plus bas	Supérieure
Notes d'écriture au post-test	Hypothèse de variances égales	1.421	.245	2.535	23	.019	1.28526	.50707	.23630	2.33422
	Égalité écarts non pris en compte			2.569	21.754	.018	1.28526	.50037	.24687	2.32364

D'après les données obtenues, qui sont présentées dans le tableau 4.20, t = 2,5, df = 23, et la valeur significative est de 0,019, ce qui est inférieur à 0,05. Par conséquent, les aides visuelles en tant que pré-activité ont un effet significatif sur la capacité d'écriture des sujets. En d'autres termes, le groupe expérimental qui bénéficie d'aides visuelles en tant que pré-activité obtient de meilleurs résultats que le groupe de contrôle. La cinquième hypothèse nulle, à savoir "Les aides visuelles en tant que tâche de pré-activité n'ont pas d'effet significatif sur la capacité d'écriture des apprenants iraniens de niveau intermédiaire en anglais langue étrangère", est rejetée.

4.2.6 Discussion en groupe et rédaction

L'objectif de cette section est de répondre à la dernière question de recherche qui est "La stratégie de discussion de groupe en tant que tâche de pré-activité a-t-elle un effet significatif sur la capacité d'écriture des apprenants iraniens de niveau intermédiaire en anglais langue étrangère ? Pour atteindre cet objectif, un test t indépendant a d'abord été utilisé pour examiner l'homogénéité des groupes.

Tableau 4.21

Statistiques du groupe

Prétest	N	Moyenne	Écart std. Écart	Erreur std. Moyenne

notes d'écriture au prétest	Pré-test groupe de discussion groupe de discussion	14	7.5000	1.12233	.29995
	Prétest Groupe de contrôle	13	6.5577	1.40740	.39034

Comme le montre le tableau 4.21, le score moyen et l'écart-type du groupe de discussion sont respectivement de 7,5 et 1,1. En revanche, le score moyen et l'écart-type du groupe de contrôle sont de 6,5 et 1,4. Par conséquent, ces groupes étaient similaires et homogènes au début de l'étude. Le tableau suivant tente de prouver la même réalité à l'aide de statistiques inférentielles.

Tableau 4.22

Test d'échantillons indépendants

		Test de Levene pour l'égalité des variances		Test t pour l'égalité des moyennes						
		F	Sig.	t	df	Sig. (2tailed)	Différence moyenne	Std. Erreur Différence _ ce	Intervalle de confiance à 95% de la différence	
									Plus bas	Supérieure
Notes d'écriture au prétest	Hypothèse de variances égales	.870	.360	1.931	25	.065	.94231	.48808	-.06290	1.94752
	L'égalité des variances n'est pas présumée			1.914	22.965	.068	.94231	.49228	-.07614	1.96075

Comme le montre le tableau 4.22, la valeur significative est de 0,065 > 0,05 ; ces deux groupes n'étaient donc pas différents avant le début du traitement et ils étaient homogènes. Le tableau suivant tente de comparer les post-tests des groupes expérimental et témoin afin de répondre à la question de recherche.

Tableau 4.23

Statistiques du groupe

	Post-test	N	Moyenne	Écart std. Écart	Erreur std. Moyenne
notes d'écriture au post-test	posttest groupe de discussion groupe de discussion	14	7.4821	1.53003	.40892

	post-test groupe de contrôle	13	6.6731	1.44476	.40071

Le tableau 4.23 tente de comparer les groupes à l'aide de statistiques descriptives. Le score moyen et l'écart-type du groupe de discussion étant de 7,4 et 1,5 et ceux du groupe de contrôle de 6,6 et 1,4, on peut conclure que ces groupes ne sont pas significativement différents, comme le montre également le tableau suivant.

Tableau 4.24

Test d'échantillons indépendants

		Test de Levene pour l'égalité des variances		Test t pour l'égalité des moyennes						
		F	Sig.	t	df	Sig. (2tailed)	Différence moyenne	Std. Erreur Différen ce _ ce	Intervalle de confiance à 95% de la différence	
									Plus bas	Supérieure
Notes d'écriture au post-test	Hypothèse de variances égales	.081	.778	1.410	25	.171	.80907	.57378	-.37267	1.99080
	L'égalité des variances n'est pas présumée			1.413	24.990	.170	.80907	.57252	-.37008	1.98822

Dans le tableau 4.24, df= 25, t= 1,4, et la valeur significative est de 0,171, ce qui est supérieur à 0,05. Par conséquent, la discussion de groupe avant l'activité n'a pas d'effet significatif sur la capacité d'écriture. La dernière hypothèse nulle est donc acceptée. En d'autres termes, la discussion de groupe en tant que tâche de pré-activité n'a pas d'effet significatif sur la capacité d'écriture des apprenants iraniens de niveau intermédiaire en anglais langue étrangère.

4.3 Discussion

Dans ce chapitre, les effets de trois tâches préalables à l'activité - question préalable, aides visuelles et discussion de groupe - sur la compréhension de la lecture et la capacité d'écriture ont été analysés.

4.3.1 Compréhension de la lecture et activités préalables

Parmi ces trois tâches de pré-activation, seule l'activité de pré-question a un effet significatif sur les compétences de compréhension de la lecture. L'activité de pré-question a eu plus de succès que les autres car, comme Moore, Readence et Rickelman (1982) l'ont déclaré, les pré-questions stimulent la curiosité des élèves à propos d'un passage à lire, activant ainsi les connaissances préalables sur le contenu,

et amener les étudiants à élaborer ce qu'ils lisent. En fait, l'activité de pré-questionnement peut attirer l'attention des apprenants sur les parties les plus importantes du texte. Carrell (1988) a également souligné que les questions préalables sont bénéfiques dans le processus d'apprentissage car elles permettent aux étudiants de prédire le contenu du texte sur la base des questions préalables. Pour examiner l'effet de cette activité préalable sur les compétences de compréhension de la lecture, le chercheur a spécifié un groupe pour cette activité préalable, et dans toutes les sessions, l'activité de question préalable a été employée. Les sujets se sont vus poser des questions en rapport avec le sujet de la lecture, et ils étaient chargés de trouver des réponses et de partager leurs idées. Comme les questions étaient liées au sujet des lectures, elles étaient vraiment appropriées pour fournir suffisamment d'informations aux sujets afin qu'ils comprennent mieux les lectures. En fait, l'activité de pré-questionnement joue un rôle de connaissance de base.

La pré-activité des aides visuelles n'a pas d'effet significatif sur les compétences en matière de compréhension de la lecture. Cette réalité s'explique par le fait que cette préactivité peut distraire l'attention des sujets. Lorsque le chercheur a montré des images en rapport avec le sujet des textes à lire, les sujets peuvent ne pas prêter attention au message fondamental véhiculé par les images. En fait, ils peuvent s'intéresser à d'autres aspects des images. Gambrell et Jawitz (1993) ont indiqué que les aides visuelles utilisées pendant l'enseignement d'un texte peuvent améliorer la compréhension du texte, car leur utilisation rend les apprenants plus engagés dans le texte ; d'autre part, Hibbing et Rankin-Erickson (2003) ont estimé que l'utilisation d'aides visuelles en tant que pré-activité peut diminuer l'apprentissage, et ont donc proposé certaines stratégies pour surmonter les obstacles dans le processus d'utilisation d'aides visuelles. Par exemple, ils ont déclaré que les étudiants devraient être impliqués dans les images et invités à trouver la relation entre les images et le texte. Il se peut que les élèves ne soient pas suffisamment impliqués pour obtenir un résultat satisfaisant.

En outre, les discussions de groupe n'ont pas d'effet significatif sur la compréhension de la lecture, et ce résultat peut s'expliquer par différents facteurs. Premièrement, la chercheuse ne peut pas surveiller tous les groupes, et elle doit superviser chacun des trois groupes pendant chaque session, de sorte que les sujets peuvent discuter et aborder d'autres sujets. Deuxièmement, il se peut que tous les sujets de chaque groupe ne participent pas aux discussions. Certains sont timides ou introvertis et refusent de prendre part aux discussions. Troisièmement, en raison du manque de temps, les sujets n'ont pas le temps d'évoquer toutes les idées. McCafferty et al. (2006) estime que malgré les nombreux avantages des activités de groupe, des difficultés surgissent également - des difficultés qui ont conduit certains éducateurs à renoncer à appliquer le travail de groupe. Ces difficultés comprennent "la non-participation des membres, les groupes qui ne s'entendent pas ou les apprenants qui ne sont pas en mesure d'accomplir la tâche". L'apprentissage coopératif est apparu dans le courant dominant de l'éducation comme un effort pour résoudre ces difficultés et pour accélérer de manière générale l'interaction entre les étudiants". (p. 3)

4.3.2 Capacité d'écriture et activités préalables

D'après les données obtenues dans ce chapitre, parmi les trois tâches préalables à l'activité - discussion de groupe, aides visuelles et question préalable - l'activité relative aux aides visuelles a un effet significatif sur la capacité d'écriture. Dans le chapitre 2, il est mentionné que les chercheurs et les enseignants croient en l'utilisation d'aides visuelles comme moyen d'améliorer l'apprentissage. L'utilisation d'aides visuelles liées au sujet sur lequel les élèves doivent écrire les aidera à organiser leurs idées et à trouver suffisamment d'informations pour écrire.

En revanche, les questions préalables n'ont pas d'effet significatif sur la capacité d'écriture, comme indiqué dans ce chapitre. Bien que de nombreuses études soulignent l'efficacité des questions préalables pour améliorer la compréhension de la lecture et la capacité d'écriture des élèves (Anderson & Biddle, 1975 ; Cerdan et al., 2009 ; Pressley et al., 1989), dans cette étude, la tâche de question préalable n'a pas d'effet significatif sur la capacité d'écriture. Il se peut que la question préalable ne soit pas en mesure d'attirer l'attention des élèves ; par conséquent, elle n'a pas réussi à améliorer l'apprentissage. Bien que le chercheur ait essayé de choisir des questions en rapport avec le sujet de l'écriture, les étudiants ne peuvent pas s'en servir comme guide pour développer leur écriture. Cela peut être dû à un manque d'attention aux réponses données en classe par le professeur ou d'autres étudiants.

Il est prouvé que la tâche de pré-activité suivante - les aides visuelles - a un effet significatif sur la capacité d'écriture. Le chercheur a essayé de rassembler des images liées au sujet et de parler de chacune d'entre elles. Ainsi, les élèves peuvent utiliser les informations présentées dans leur rédaction. Les images ont réussi à attirer l'attention des élèves et à accroître leur motivation. Comme le proposent Allen et al (2011), l'utilisation d'aides visuelles dans le processus d'enseignement augmentera l'intérêt des élèves et renforcera leur apprentissage. Ils estiment également que les enseignants devraient essayer de trouver des stratégies qui leur permettent d'utiliser cette pré-activité. En conclusion, comme l'a déclaré Hill (1990), l'utilisation d'aides visuelles présente certains avantages tels que la disponibilité, la flexibilité et le fait d'être toujours nouveau et différent.

La dernière tâche de préactivité, à savoir la discussion en groupe, n'a pas d'effet significatif sur la capacité d'écriture. Comme nous l'avons déjà mentionné, l'échec de cette préactivité peut être attribué au fait que les participants parlent d'autres sujets en groupe ou qu'ils ne participent pas de manière appropriée à la vie du groupe. L'autre raison de cet échec est proposée par certains chercheurs comme Atwood, Turnball et Carpendale, 2010 ; Emdin, 2010 ; Larson, 2000 ; Marcum-Dietrich, 2010 ; Mitchell, 2010. Ils estiment que les discussions en classe doivent être pratiquées au début de chaque année scolaire afin que les élèves comprennent clairement ce que l'on attend d'eux. Ils ajoutent que l'enseignant doit définir les attentes en matière de discussion et que les élèves doivent comprendre qu'ils sont responsables de leur propre apprentissage.

Chapitre 5

Résultats et implications

5.1 Introduction

Dans le chapitre précédent, le chercheur a obtenu des résultats utiles et a répondu aux questions de recherche sur la base de l'analyse des données statistiques.

Le présent chapitre de cette étude est divisé en trois parties afin de rendre les résultats plus applicables. Tout d'abord, la conclusion complète de l'étude est présentée. Ensuite, les implications pédagogiques des résultats de cette étude sont énumérées. Enfin, plusieurs idées pour la poursuite de la recherche sont suggérées. La section suivante présente donc les résultats de l'étude.

5.2 Conclusion

Comme nous l'avons vu dans les chapitres 1 et 2 de cette étude, la préoccupation principale de la plupart des chercheurs dans le domaine de l'enseignement des langues secondes et étrangères est de réduire les problèmes et d'éliminer les obstacles sur le chemin de l'apprentissage d'une langue. Par conséquent, de nombreux chercheurs ont découvert que l'utilisation d'activités préalables dans le processus d'enseignement des langues secondes/étrangères est utile. Par conséquent, l'objectif principal de cette étude était d'examiner les effets de trois nouvelles tâches de préactivité sur la compréhension de la lecture et la capacité d'écriture des apprenants iraniens de langue étrangère. Ces trois nouvelles tâches de préactivité étaient les aides visuelles, les questions préalables et les discussions de groupe. Pour atteindre cet objectif, quatre groupes - un groupe de contrôle et trois groupes expérimentaux - ont été inclus dans l'étude. Ils étaient tous de niveau intermédiaire et apprenaient l'anglais comme langue étrangère. Chaque groupe expérimental était spécialisé dans la réalisation de chaque tâche de pré-activité - un groupe pour l'utilisation d'aides visuelles, un groupe pour la discussion de groupe et un groupe pour les questions préalables -. En outre, la méthode conventionnelle d'enseignement de l'anglais a été utilisée dans le groupe de contrôle, c'est-à-dire qu'aucune tâche de pré-activité n'a été utilisée dans le groupe de contrôle.

Au cours de chaque session, la compréhension de la lecture et l'écriture ont été enseignées sur la base d'une tâche pré-active spécifique. Lors de la première session, avant tout traitement, un pré-test de compréhension de la lecture et un pré-test d'aptitude à l'écriture ont été administrés à chaque groupe. Ensuite, les traitements ont été menés en 16 sessions. Les niveaux de tous les tests ont été vérifiés à l'aide d'une échelle de lisibilité qui a révélé que tous les tests étaient au même niveau de difficulté. Un test de compétence TOEFL a été utilisé pour vérifier l'homogénéité des participants. Ensuite, le processus d'enseignement a commencé et chaque tâche de pré-activité a été appliquée dans un groupe expérimental. Dans un groupe, le chercheur a utilisé des aides visuelles telles que des images et des photos dans le processus d'enseignement. Avant d'aller en classe, le chercheur devait choisir des images appropriées en rapport avec les thèmes de la lecture et de l'écriture. Dans l'autre groupe expérimental, le chercheur a demandé aux étudiants de former des groupes et de discuter du sujet entre eux. Les participants du groupe expérimental de questions préalables ont été invités à répondre à des questions appropriées avant de commencer le processus d'enseignement. Le chercheur a dû élaborer des questions pertinentes susceptibles d'aider les étudiants à mieux comprendre les leçons. La première moitié de chaque session a été consacrée à l'enseignement de la compréhension de la lecture et la seconde partie à l'enseignement de la capacité d'écriture. Lors de la dernière session, un test de compréhension de la lecture et un test d'écriture ont été administrés à chacun de ces quatre groupes. En d'autres termes, un post-test de compréhension de la lecture et un post-test d'aptitude à l'écriture ont été administrés aux étudiants. Les tests d'écriture ont été corrigés par deux enseignants. Ensuite, l'inter-fiabilité des scores a été déterminée par le logiciel SPSS. Ensuite, en utilisant ce logiciel, les résultats des pré-tests et des post-tests ont été comparés et certaines conclusions utiles ont été révélées.

Selon les données obtenues mentionnées dans le chapitre précédent, la préactivité des questions préalables a un effet significatif sur la compréhension de la lecture. On peut donc suggérer aux enseignants et aux éducateurs d'utiliser les questions préalables dans le processus d'enseignement de l'anglais. D'autre part, les aides visuelles et les discussions de groupe en tant que tâches de préactivité n'ont pas eu d'effet significatif sur la compréhension de la lecture. Bien que ces deux activités préalables soient utiles aux étudiants pour se préparer à l'apprentissage de nouveaux matériaux, leur impact n'est pas très satisfaisant pour les éducateurs et les enseignants.

Comme le montrent les données, les aides visuelles ont eu un effet très positif sur la capacité d'écriture des apprenants. Les participants qui ont utilisé cette activité préalable ont obtenu de meilleurs résultats que le groupe de contrôle. Par conséquent, on peut certainement suggérer aux éducateurs d'utiliser cette tâche de pré-activité dans leurs enseignements. En revanche, les discussions de groupe et les activités préalables aux questions n'aident pas tellement les apprenants. Autrement dit, ces deux tâches de pré-activation n'ont pas eu d'effet significatif sur la capacité d'écriture des apprenants iraniens d'anglais langue étrangère.

Pour résumer la conclusion, les réponses aux questions de recherche peuvent être examinées comme suit. Comme indiqué dans le premier chapitre, les questions de recherche de cette étude sont les suivantes,

7. La stratégie des aides visuelles en tant que tâche préalable à l'activité a-t-elle un effet significatif sur la capacité de compréhension de la lecture des apprenants iraniens de niveau intermédiaire en anglais langue étrangère ?

8. La stratégie des aides visuelles en tant que tâche préalable à l'activité a-t-elle un effet significatif sur la capacité d'écriture des apprenants iraniens de niveau intermédiaire en anglais langue étrangère ?

9. La stratégie de discussion de groupe en tant que tâche préalable à l'activité a-t-elle un effet significatif sur la capacité de compréhension de la lecture des apprenants iraniens de niveau intermédiaire en anglais langue étrangère ?

10. La stratégie de discussion de groupe en tant que tâche préalable à l'activité a-t-elle un effet significatif sur la capacité d'écriture des apprenants iraniens de niveau intermédiaire en anglais langue étrangère ?

11. La stratégie de pré-question en tant que tâche de pré-activité a-t-elle un effet significatif sur la capacité de compréhension de la lecture des apprenants iraniens de niveau intermédiaire en anglais langue étrangère ?

12. La stratégie de pré-question en tant que tâche de pré-activité a-t-elle un effet significatif sur la capacité d'écriture des apprenants iraniens de niveau intermédiaire en anglais langue étrangère ?

Selon les données obtenues, les réponses à ces questions de recherche sont les suivantes,

1. La pré-question en tant que tâche de pré-activité a un effet significatif sur la capacité de compréhension de la lecture des apprenants iraniens d'anglais langue étrangère.
2. La stratégie des aides visuelles en tant que tâche pré-active n'a pas d'effet significatif sur la compréhension de la lecture des apprenants iraniens de niveau intermédiaire en anglais langue étrangère.
3. La discussion de groupe en tant que tâche pré-active n'a pas d'effet significatif sur la compréhension de la lecture des apprenants iraniens de niveau intermédiaire en anglais langue étrangère.
4. La pré-question n'a pas d'effet significatif sur la capacité d'écriture des apprenants iraniens de niveau intermédiaire en langue anglaise.
5. Les aides visuelles en tant que tâche pré-active n'ont pas d'effet significatif sur la capacité d'écriture des apprenants iraniens de niveau intermédiaire en anglais langue étrangère.
6. La discussion de groupe en tant que tâche pré-active n'a pas d'effet significatif sur la capacité d'écriture des apprenants iraniens de niveau intermédiaire en anglais langue étrangère.

5.3 Implications pédagogiques

Cette étude a des implications pédagogiques. Tout d'abord, les enseignants et les éducateurs peuvent profiter des résultats de cette étude et ajouter ces tâches de pré-activité utiles à leur enseignement. Cette étude peut aider les enseignants à choisir une tâche de pré-activité efficace. En d'autres termes, les enseignants et les éducateurs peuvent utiliser la tâche de pré-question comme pré-activité dans l'enseignement de la compréhension de la lecture et les aides visuelles dans l'enseignement de la capacité d'écriture.

Deuxièmement, les concepteurs de programmes peuvent appliquer ces tâches de pré-activité spécifiques et utiles dans leurs programmes afin d'améliorer la qualité de l'enseignement. Cette étude montre que les tâches préalables aux questions améliorent la compréhension de la lecture et que les aides visuelles renforcent la capacité d'écriture.

Troisièmement, les résultats de cette recherche peuvent être utiles aux étudiants et aux apprenants. Ils peuvent eux-mêmes utiliser ces tâches de pré-activation utiles avant leurs cours de lecture et d'écriture. L'utilisation de ces tâches de pré-activité par les apprenants peut les préparer davantage à l'apprentissage de nouveaux matériels.

Quatrièmement, les concepteurs de matériel peuvent intégrer ces deux tâches de pré-activité efficaces dans leur matériel afin de développer du matériel plus approprié pour les apprenants.

5.45 uggestions pour la poursuite de la recherche

D'autres recherches directement ou indirectement liées au thème de cette étude peuvent également être menées. Cette étude s'est concentrée sur les effets de trois tâches préalables à l'activité - aides visuelles, questions préalables et discussion de groupe. D'autres recherches peuvent être menées pour examiner les effets d'autres tâches préalables sur les compétences en lecture et en écriture.

En outre, cette recherche a mis l'accent sur la compréhension de la lecture et la capacité d'écriture et a ignoré l'effet de ces activités préalables sur l'expression orale et la compréhension de l'oral. Par conséquent, d'autres recherches peuvent être menées pour vérifier les effets des tâches préalables aux activités sur les compétences orales.

L'effet des nouvelles tâches de pré-activité a été examiné sur la compréhension de la lecture et la capacité d'écriture des apprenants de niveau intermédiaire. D'autres études peuvent être conçues et réalisées pour analyser les effets des tâches de pré-activité sur les apprenants iraniens d'anglais langue étrangère à d'autres niveaux de compétence.

Références

Abanomey, A. A. (2013). Les apprenants saoudiens d'anglais langue étrangère ont-ils des performances différentes avec la lecture en ligne ? An exploratory study. *Journal of King Saud University -Languages and Translation, 25*, 1-11.
Abraham, P. (2002). TT Skilled Reading : Top-Down, Bottom-Up. *Notes de terrain, 10*(2). Disponible à l'adresse : http://www.sabes.org/resources/fieldnotes110/fn/02.pdf
Afflebach, P., Pearson, P. D. et Paris, S. G. (2008). Clarifying difference between reading skills and reading strategies. *The Reading Teacher, 61*(5), 364-373. doi:10.1598/RT.61.5.1.
Ajideh, P. (2003). Schema theory-based pre-reading tasks : A neglected essential in the ESL reading class. *The Reading Matrix : An International Online Journal, 3*(1), http://www.readingmatrix.com/articles/ajideh/article.pdf
Ajideh, P. (2006). Schema-theory based considerations on pre-reading activities in ESP textbooks (Considérations basées sur la théorie des schémas sur les activités de pré-lecture dans les manuels d'anglais langue étrangère). *The Asian EFL Journal, 16*, 1-19.
Alderson, C. (1984). Reading in a foreign language : a reading problem or a language problem. Dans Alderson, C &urquuhart, A. H. (Eds.), *Reading in Foreign language* (pp. 114-141). Londres : Longman.
Alemi, M. et Ebadi, S. (2010). The Effects of Pre-reading Activities on ESP Reading Comprehension (Les effets des activités de pré-lecture sur la compréhension de la lecture en ESP). *Journal of Language Teaching and Research, 1*(5), 569-577. doi:10.4304/jltr.1.5.569-577
Allen, K., & Marquez, A. (2011).Teaching vocabulary with visual aids. *Journal of Kao Ying Industrial & Commercial Vocational High School, 1*(9), 1-5.
Al-Makhzoomi, K. et Awad, A. (2010). The Effect of Collaborative Strategy on Improving Students' Potentials in learning Active Voice and Passive Voice in English (L'effet de la stratégie de collaboration sur l'amélioration du potentiel des étudiants dans l'apprentissage de la voix active et de la voix passive en anglais). *An-Najah Univ. J. of Res. (Humanities), 24*(2), 621-651.
Almasi, J. F. (1995). The nature of fourth graders' sociocognitive conflicts in peer-led and teacher-led discussions of literature. *Reading Research Quarterly, 30*(3), 314-351.
Alptekin, C. (2002). Towards intercultural communicative competence. *The ELT Journal, 56*, 57-64.
Alptekin, C. (2003). *The role of cultural nativization in L2 reading : the case of inferential and literal comprehension*. Document présenté à la troisième conférence internationale sur la recherche en matière de FLE - Langues pour la vie, Université QanakkaleOnsekiz Mart, Qanakkale, Turquie.
Alyousef, H. S. (2006). Teaching reading comprehension to ESL/EFL learners (Enseignement de la compréhension de la lecture aux apprenants ESL/EFL). *Journal of Language et l'apprentissage, 4*(1), 63-73.
Comité national américain pour la lecture. (2000). *Rapport du comité national de lecture : Teaching children to read*. Washington, D. C. : National Institute of Child Health and Human Development Clearinghouse.
Amiryousefi, M. et Tavakoli, M. (2011). The relationship between test anxiety, motivation and MI and the TOEFL IBT reading, listening and writing Scores. *Procedia Social and Behavioral Sciences, 15*, 210-214.
Anderson, R. et Biddle, W. (1975). On asking people questions about what they are reading. In G. H. Bower (Ed.), *The Psychology of Learn- ing and Motivation*, (pp. 90-132). New York : Academic Press. doi:10.1016/S0079-7421(08)60269-8
Angelillo, J. (2002). *Une nouvelle approche de l'enseignement de la ponctuation : Aider les jeunes écrivains à utiliser les conventions avec précision*. New York : Scholastic, Inc.
Applebee, A. N., Langer, J. A., Nystrand, M. et Gamoran, A. (2003). Discussion-based approaches to developing understanding : Classroom instruction and student performance in middle and high school English. *American Educational Research Journal, 40*(3), 685-730.
Arda, E. (2000). *The Role of Content Schema Related Pre-reading Activities : More Content-Schema Induced Pre-reading Activities or More Grammar Based pre-Reading Activities in ELT Classes ?* (Thèse de maîtrise non publiée). Université d'Istanbul, Turquie.
Armbruster, B. B. (1992). Vocabulary in content area lessons. *The Reading Teacher, 45*(7),

550-551.
Armbruster, B. B., Anderson, T. H., Armstrong, J. 0., Wise, M. A., Janisch, C. et Meyer, L. A. (1991). Reading and questioning in content area lessons. *Journal of Reading Behavior, 23*, 35-59.
Armstrong, T. (2003). *Les intelligences multiples de la lecture et de l'écriture : Making the words come alive*. Alexandria, États-Unis : Association for Supervision and Curriculum Development.
Askari, H. et Ahmadian, M. (2011). How Many Reading Comprehension Strategies to be taught in a Semester ? *The Iranian EFL Journal, 7*(1), 222-232.
Asokhia, M. O. (2009). Improvisation/aides pédagogiques : aide à l'enseignement efficace de la langue anglaise. *Int. J. Edu. Sci, 1*(2), 79-85. Consulté à l'adresse www.krepublishers.com/...Journals/.../IJES-01- 2-079-09-022-Asokhia.
Atwell, N. (1985). How we learned to write. *Learning, 13*, 51-53.
Atwood, S., Turnball, W. et Carpendale, J. I. M. (2010). The construction of knowledge in classroom talk. *Journal of the Learning Sciences, 19*(3), 358-402.
Bailey, L. (1993). *Inventing writing : How ESL writers use commonly taught prewriting techniques*. Document présenté lors de la 27e réunion annuelle des enseignants d'anglais aux locuteurs d'autres langues, Atlanta, GA.
Banerjee, R. (2000). The benefits of collaborative learning. *Organization & Environment, 13*(1), 338. Extrait de http://www.brighthub.com/education/k-12/articles/70619.aspx
Barnett, M. A. (1988). Reading through context : How real and perceived strategy affects L2 comprehension. *The Modern Language Journal, 72*(2),150-162.
Bean, T. W. (1985).Classroom questioning strategies:Directions for applied research.In A. C. Graesser& J. B. Black (Eds.), *The psychology of questioning* (pp. 335- 358). Hillsdale, NJ : Erlbaum.
Benson, P. (1997). Problems in picturing text : A study of visual/verbal problem solving. *Technical Communication Quarterly, 6*(2), 141-160.
Bezci, E. O. (1998). *An investigation of the cognitive reading strategy needs of the freshman students at Hacettepe University*. (Thèse de maîtrise non publiée), Université Bilkent, Ankara.
Bilokcuoglu, H. (2011). Les effets des activités de pré-lecture dans les classes d'anglais langue étrangère sur la compréhension de la lecture des étudiants. *EUL Journal of Social Sciences, 2*(2), 77-89.
Bilokcuoglu, H. (2011).les effets des activités de pré-lecture dans les classes d'efl sur la compréhension de la lecture des étudiants.*EUL Journal of Social Sciences, 2*(2), 79-97.
Blackburn-Brockman, E. (2001). Prewriting, Planning, and Professional Communication. *English J*, 91(2), 51-53.
Boker, J. R. (1974). Immediate and delayed retention effects of interspersed questions in written instructional passages. *Journal of Educational Psychology, 66*, 96-98.
Bolukba§, F. (2013). L'effet des stratégies de lecture sur la compréhension de la lecture dans l'enseignement du turc comme langue étrangère. *Educational Research and Reviews, 8*(21), 2147-2154. DOI : 10.5897/ERR2013.1614
Bolukba§-Dayi, E. (2013). *Antalya TeknikveEndustriMeslekLisesi*. Affiche présentée au 9e événement du groupe de travail national DOCOMOMO_Turkey sur l'interprétation vernaculaire du modernisme dans l'architecture turque, Université Akdeniz, Antalya, Turquie.
Bouwer, A. C. (2000). Lire et écrire. In : Eloff. l . (Ed.) *keys to Educational Psychology* (pp.84-118). Cape Town : Press.
Bowen, M. B. (1991). *Regardez ici ! Visual aids in Language Teaching*. Londres : Modern English Publishers.
Brantmeier, C. (2002). The effect of passage content on second language reading comprehension by gender across instruction levels. Dans J. Hammadou Sullivan. *Literacy and the second language learner*. Greenwich, CT : Information Age Publishing.
Brindley, R. et Schneider, J. J. (2002). Writing instruction or destruction : Lessons to be learned from fourth grade teachers' perspectives on teaching writing. *Journal of Teacher Education, 53*(4), 328-341.
Brodney, B., Reeves, C. et Kazelskis, R. (1999). Selected prewriting treatments : Effects on expository compositions written by fifth-grade students. *J. Exp. Educ. 68*(1), 5-20.
Brown, A. (1982). Learning how to learn from reading. Dans 1. A. Langer & M. T. Srnith-

Burke (Eds.), *Reader meets author : Bridging the gap* (pp. 26-54). Newark, DE : International Reading Association.

Brown, D. F. (2002). *Becoming a successful urban teacher.* Portsmouth, NH : Heinemann.

Brown, H. (1994). *Principes de l'apprentissage et de l'enseignement des langues.* New Jersey : Prentice Hall.

Brown, H. D. (2001). *Teaching by principles : Une approche interactive de la pédagogie des langues* (2nd ed.). White Plains, NY : Pearson Education.

Burns, P. C., Roe, B. D. et Ross, E. P. (1992). Teaching reading in today's elementary schools, Princeton, NJ : Houghton Mifflin.

Carrell, P. L. (1983). Some issues in studying the role of schemata, or background knowledge in second language comprehension. *Reading in a Foreign Language, 1*(2), 81-92.

Carrell, P. L. (1987). Content and formal schemata in ESL reading. *TESOL Quarterly, 21*, 461-481.

Carrell, P. L. (1988). Introduction : Interactive approaches to second language reading. Dans P. L. Carrell, J. Devine & D. E. Eskey (eds.), *Interactive Approaches to Second Language Reading*, (pp. 1-8). Cambridge : Cambridge University Press.

Carrell, P. L. (1989). Metacognitive awareness and second language reading. *TESOL Quarterly, 73*,121-134.

Carrell, P. L. et Eisterhold, J. C. (1983). Schema theory and ESL reading pedagogy. *TESOL Quarterly, 17*, 553-573.

Carroll. R. T. (1990). Students Success Guide : Writing Skills. Consulté le 30 mars 2013 sur www.skepdic.com/refuge/writing skills.pdf

Celce-Murcia, M. (1991). *Enseigner l'anglais comme seconde langue ou langue étrangère.* Massachusetts : Heinle&Heinle publishers.

Celce-Murcia, M. (1991). *Enseigner l'anglais comme seconde langue ou langue étrangère.* Massachusetts : Heinle&Heinle publishers.

Cerdan, R., Vidal-Abarca, E., Martinez, T., Gilabert, R. et Gil, L. (2009). Impact of questionanswering task on search processes and reading comprehension. *Learning and Instruction, 19,* 13-27. doi:10.1016/j.learninstruc.2007.12.003

Chastain, K. (1988). Developing second language skills : Theory and practice (3e éd.). Chicago : HBJ.

Chatwirote, B. (2003). *Teaching in elementary school.* Thaïlande, Bangkok : Patanakarnsuksa.

Chen, H. C. et Graves, M. F. (1995). Effects of previewing and providing background knowledge on Taiwanese college students' comprehension of American short stories. *TESOL Quarterly, 29*, 663-687.

Chia, H. L. (2001). Activités de lecture pour un traitement efficace du haut vers le bas. *FORUM, 39*(1).

Cho, K. et Schunn, C. D. (2007). Scaffolded writing and rewriting in the discipline : A web-based reciprocal peer review system. *Computers & Education, 48*(3), 409-426.

Clark, D. (2004). *Explorations into writing anxiety : Helping students overcome their fears and focus on learning.* Chandler Community College Project Work. Extrait de http://www.mcli.dist.maricopa.edu

Clay, M. M. (1991). *Becoming literate : The construction of inner control.* Portsmouth, NH : Heinemann.

Coiro, J. (2003). Reading Comprehension on the Internet : Expanding our understanding of reading comprehension to encompass new literacies. *The Reading Teacher, 56*(5), 458-464.

Craig, R. J. et Amernic, J. H. (2006). PowerPoint presentation technology and the dynamics of teaching. *Innov High Educ, 31*, 147-160. doi : 10.1007/s10755-006-9017-5

Cunningham, P. et Allington, R. (2007). *Classrooms that work : Ils peuvent tous lire et écrire.* (4th ed.). Columbus, OH : Allyn& Bacon.

Dabaghmanesh, T., Zamanian, M. et Bagheri, M. S. (2013). The Effect of Cooperative Learning Approach on Iranian EFL Students" Achievement among Different Majors in General English Course. *International Journal of Linguistics, 5*(6), 1-11. doi:10.5296/ijl.v5i6.4691

Dixon, X. (1986). Teaching Composition to Large Classes. *English Teaching Forum, 25*(3), 22-43.

Dolati, R. (2011). Exploiter l'utilisation des aides visuelles à l'apprentissage dans la classe d'anglais. *Arab World English Journal, 2*(1), 3-17.

Dolati, R. et Richard, C. (2011). Harnessing the use of visual learning aids in the English language classroom. *Arab World English Journal, 2*(1), 3-17.
Droop, M. et Verhoeven, L. (1998). Background knowledge, linguistic complexity, and second language reading comprehension. *Journal of Literacy Research, 30*(2), 253-271.
Duke, N. K. et Pearson, D. P. (2002). Effective practices for developing reading comprehension (Pratiques efficaces pour développer la compréhension de la lecture). Dans A. E. Farstrup& S. J. Samuels (Eds.). *What research has to say about reading*. (pp. 205-242). Newark, DE : Int. Read. Assoc.
East, M. (2008). Dictionary use in foreign language writing exams : Impact and implications. *International Journal of Lexicography, 22*(3), 344-348.
Ekawat, W. S. (2010).*The effects of cooperative learning on EFL university student summary writing*. (Unpublished Master Thesis). Consulté en mai 2012, sur le site http://www.thesis.swu.ac.th/swuthesis/Tea_Eng_For_Lan(M.A.)/Wichitra_S.pdf
Ellis, S. R. (1993). *Pictorial communication in virtual and real environment*. New York : Taylor & Francis.
Emdin, C. (2010). *Dimensions de la communication dans l'enseignement des sciences urbaines : Interactions et transactions*. Wiley Periodicals, Inc. doi : 10.1002/sce.20411
Erten, I. H. et Karakas, M. (2007). Understanding the divergent influences of reading activities on the comprehension of short stories (Comprendre les influences divergentes des activités de lecture sur la compréhension des histoires courtes). *The Reading Matrix, 7* (3), 113-133.
Erten, I. H. et Razi, S. (2003). *An experimental investigation into the effectiveness of different reading activities used with short stories*. Document présenté à la troisième conférence internationale sur la recherche en matière de FLE - Langues pour la vie. Université CanakkaleOnsekiz Mart, Canakkale. Turquie.
Eskey, D. (1988). Holding in the bottom : An interactive approach to the problem of sound language readers. Dans Carrell, P. L., Devine, J. et Esky, D. E. (Eds.), *Interactive approaches to second language learning.* (pp. 130-152). New York : Cambridge University Press.
Eskey, D. (1988). Holding in the bottom : An interactive approach to the problem of sound language readers. Dans P. L. Carrell, J. Devine, et D. Esky (Eds.), *Interactive approaches to second language learning.* (pp. 130-152). New York : Cambridge University Press.
Farstrup, A. E. (2006). Des spécialistes de la lecture qualifiés : More important than ever. *Reading Today, 23*(3), 18.
Felker, D. B. et Dapra, R. A. (1975). Effects of question type and question placement on problem solving ability from prose material. *Journal of Educational Psychology, 67*, 380-384.
Flavell, J. H. (1971). Commentaires du premier discutant : What is memory development the development of ? *Human Development, 14*, 272-278.
Foote, K. E. (2009). Time Management. Dans M. N. Solem, K. E. Foote, et J. Monk, (Eds.), *Aspiring Academics : A Resource Book for Graduate Students and Early Career Faculty*, (pp. 5-15). Upper Saddle River, NJ : Prentice-Hall.
Fountas, I. C. et Pinnell, G. S. (2006). *Teaching for comprehending and fluency : Thinking, talking, and writing about reading, K-8*. Portsmouth, NH : Heinemann.
Gall, M. D. (1984). Synthèse de la recherche sur le questionnement des enseignants. *Educational Leadership, 42*, 4047.
Gambrell, L. B. et Jawitz, P. B. (1993). Mental imagery, text illustrations, and children's story comprehension and recall, *Reading Research Quarterly*, 28.
Garcia, G. (1991). Factors influencing the English reading test performance of Spanish-speaking Hispanic children. *Reading Research Quarterly, 26*(4), 371-392.
Gardner, K. J., Hutchinson , J.M., Whiteley, H. N., Pope, D. J., &Qualter, P. (2012). Ability emotional intelligence, trait emotional intelligence, and academic success in British secondary schools : A 5 year longitudinal study. *Learning and Individual Differences, 221*, 83-91.
Gebhardt, R. C. et Rodrigues, D. (1989). *Writing processes and Intentions*. America : D. C. Health
et compagnie.
Geranmayeh-Jourkouye, Z., &Vahdani, F. (2013). The impact of visual input enhancement on Iranian intermediate EFL learner's listening comprehension ability (L'impact de l'amélioration de l'entrée visuelle sur la capacité de compréhension orale de l'apprenant EFL intermédiaire iranien). *Indian Journal of Fundamental and Applied Life Sciences, 3*(4), 184-188.

Ghaedsharafi, M. et Bagheri, M. S. (2012). Effets des présentations audiovisuelles, audio et visuelles sur les compétences d'écriture des apprenants EFL. *International Journal of English Linguistics, 2*(2), 113-121. doi:10.5539/ijel.v2n2p113
Go, A. S. (1994). Prewriting activities : Focus sur le processus d'écriture. Eric, ED369257.
Goodman, K. (1996). *On reading : A common-sense look at the nature of language and the science of reading.* Portsmouth, NH : Heinemann.
Goodsell, A, Maher, M., Tinto, V., Smith, B., &MacGregor, J. (1992). What is collaborative learning ? inCollaborative *Learning : A Sourcebook for Higher Education.* University Park, PA : National Center on Postsecondary Teaching, Learning, and Assessment at Pennsylvania State University.
Grabe, W. (1995). Dilemmes pour le développement des capacités de lecture en langue seconde. *Prospect, 10*(2), 38-51.
Green, V. N. (2012). *Effects of classroom discussions on student performance and confidence in the science classroom.* (Thèse de maîtrise non publiée). Montana State University, Bozeman, Montana.
Greenall, S. et Swan, M. (1986). *Effective Reading.* Cambridge : Cambridge University Press.
Grellet, F. (1981). *Developing Reading Skills.* Cambridge : Cambridge University Press.
Gunning T. G. (1996). *Creating Reading Instruction for All Children.* Boston : Allyn and Bacon. Disponible à l'adresse suivante : http://www.oecd.org/pisa/pisaproducts/Draft%20PISA%202015%20Reading%20Framework%20.pdf
Guszak, F. J. (1986). *Diagnostic reading instruction in the elementary school* (3e éd.). New York : Harper & Row.
Halliday, M. et Hasan, R. (1985). *Language, context, and text : Aspects du langage dans une perspective sémiotique sociale.* Deakin : Deakin University.
Hamilton, R. J. (1985). Un cadre pour l'évaluation de l'efficacité des questions et des réponses des enseignants.
objectifs. *Review of Educational Research, 55*, 47-85.
Haring, L. W. (1994). *Personalizing Education.* New Jersey : Prentice Hall Regents.
Harmer, J. (2001). *Comment enseigner l'anglais. Une introduction à la pratique de l'enseignement de l'anglais.* Essex, Angleterre : Pearson Education Limited.
Harvey, S. et Goudvis, A. (2007). *Strategies that work : Teaching comprehension to enhance understanding.* (2nd ed.). Portland : Stenhouse Publishers.
Henry, K. (1996). Early L2 writing development : A study of autobiographical essays by university level. *The Modern Language Journal, 80*(3), 309-326.
Hibbing, A. N. et Rankin-Erickson, J. L. (2003). A picture is worth a thousand words : Using visual images to improve comprehension for middle school struggling readers, *The reading teacher*, 56(8).
Hill, A. D. (1990). *Visual impact : L'apprentissage créatif des langues par l'image.* Londres : Longman.
Hillocks, G. (1986). Synthèse de la recherche sur l'enseignement de l'écriture. *Educational Relationship, 44*(8), 7182.
Huang, S. (1999). EFL students' use of ideas provided by peers during prewriting discussions conducted on networked computers. Eric, ED428563.
Huang, S. (1999). EFL students' use of ideas provided by peers during prewriting discussions conducted on networked computers. Eric, ED428563.
Janzen, J. (1996). Teaching strategic reading. *TESOL Journal, 6*(1), 6-9.
JavadiRahavard, Z. (2010). Cooperative learning strategies and reading comprehension (Stratégies d'apprentissage coopératif et compréhension de la lecture). *California Linguistic Notes, 35*(2), 1- 15.
Jecksembievva, N. (1993). *Pre-reading Activities in EFL/ESL Reading Textbooks and Turkish Preparatory School Teachers' Attitudes Toward Pre-reading Activities.* (Mémoire de maîtrise non publié). Université Bilkent, Ankara, Turquie.
Johnsen, E. B. (1993). *Textbooks in the kaleidoscope. Une étude critique de la littérature et de la recherche sur les textes éducatifs* (pp. 165-166). Oslo : Scandinavian University Press.
Johnson, D. (2005). Cooperative learning : increasing college faculty instructional productivity (Apprentissage coopératif : augmenter la productivité pédagogique des enseignants). Disponible

en ligne à l'adresse suivante : www.ntlf.com/html/lib/bib/92-2dig.htm.
Johnson, D. W., Johnson, R. et Holubec, E. (1998). *Advanced cooperative learning* (2e éd.). Edina, MN : Interaction Book.
Johnson, D.W., Johnson, R.T. et Smith, K.A. (1991). *Active learning : Cooperation in the college classroom*. Edina, MN : Interaction.
Johnson, K. (1981). *Communicative in writing*. Harlow : Longman.
Johnstone, K. M., Ashbaugh, H. et Warfield, T. D. (2002). Effects of repeated practice and contextual-writing experiences on college students' writing skills. *Journal of Educational Psychology, 94*(2), 305-313.
Joklova, K. (2009). *L'utilisation d'images dans l'enseignement du vocabulaire*. (mémoire de licence non publié). Université Masaryk.
Just, M. A. et Carpenter, P. A. (1980). A theory of reading : from eye fixations to comprehension. *Psychol. Rev.87*(4), 329-354.
Kängsepp, P. (2011). Impact of Asking Support Questions on Grades 4 and 7 Students Reading Comprehension. *Creative Education, 2*(4), 381-387. DOI:10.4236/ce.2011.24054
Karakas, M. (2002). *The effects of reading activities on ELT trainee teachers' comprehension of short stories*. (Thèse de maîtrise non publiée). Université CanakkaleOnsekiz Mart, Canakkale.
Karakas, M. (2004).The effects of pre-reading activities on ELT trainee teachers' comprehension of short stories. *EgitimdeKuramveUygulama, 1*(2), 25-35.
Karakas, M. (2005). The effects of pre-reading activities on ELT trainee teachers' comprehension of short stories. *Journal of Theory and Practice in Education, 1*, 25-35.
Karatay, H. (2007). ilkögretimTürkgeögretmemadaylannmokudugunuanlamabecerileriüzerinealanara§tirmasi. (Thèse de doctorat non publiée), Université Gazi, Ankara, Turquie.
Karatay, H. (2009). Okuma stratejileribili§selfarkmdahkölgegi. *AbantizzetBaysalÜniversitesiSosyalBilimlerEnstitüsüDergisi 2*(19), 58- 80.
Keene, E. O. et Zimmermann, S. (1997). *Mosaic of thought : Teaching comprehension in a reader's workshop*. Portsmouth, NH : Heinemann.
Kern, R. et Schultz, J. (1992). The effects of composition instruction on intermediate level French students' writing performance : Some preliminary findings. *Modern Language Journal, 76*(1),
1-13.
Keshta, A. S. et Badr El-deen, Z. (2009). *The effectiveness of the Assisted Extensive Reading Program on developing reading comprehension strategiesfor Ninth Graders in Gaza Governorate*. (Thèse de maîtrise non publiée). Université islamique, Gaza, Palestine.
Kessler, C. (1992). *L'apprentissage coopératif des langues : A teacher resource book*. Englewood Cliffs, NJ : Prentice Hall.
Khodabakhsh, S.,Jahandar, S., &Khodabandehlou, M. (2013).L'impact des tâches de pensée critique sur la capacité de rédaction de paragraphes des apprenants iraniens EFL. *Indian Journal of Fundamental and Applied Life Sciences, 3*(3), 639-648.
Kim, H. et Krashen, S. (1997). Why don't language acquirers take advantage of the power of reading", *TESOL Journal*, 6, 26-28.
King, G. (2003). *Good Writing Guide*. Glasgow : Harper Collins Publishers.
Kintsch, E. (2006). Comprehension theory as a guide for the design of thoughtful questions. Topics in Language Disorders, 25, 51-64.
Kitao, K. S. (1990). Textual Schemata and English Language Learning (Schémas textuels et apprentissage de l'anglais). Cross Currents, numéro 3, 147155.
Klasone, I. (2013). Utilisation d'images lors de l'enseignement des prépositions en cours d'anglais dans les formes 3 - 4. *Journal of Language and Literature Education, 8*, 23-38.
Koumy, A. (1996). Effets de trois stratégies de questionnement sur la compréhension de la lecture en langue anglaise. ERIC (ED411696).
Kozma, R. B. (1991). Computer-based writing tools and the cognitive needs of novice writers. *Comput. Compos. 8*(2), 31-45.
Krashen, S. (1981). Second language acquisition and second language learning. New York : Pergamon Press.
Kroll, B. (1990). *Second Language Writing*. Cambridge, Angleterre et New York : Cambridge University Press.

Langer, J. A. (2001). Beating the odds : Teaching middle and high school students to read and write well. *American Educational Research Journal, 38*(4), 837-880.
LaRoche, K. M. (1993). L'accent mis sur l'utilisation de stratégies et de compétences au niveau de la préécriture et de la connaissance pour
améliorer les attitudes et les compétences en écriture des élèves du collège. Eric, ED366974.
Larson, B. E. (2000). Classroom discussion : A method of instruction and a curriculum outcome. *Teaching and Teacher Education, 16,* 661-677.
Lau, K. L. (2006). Reading strategy use between Chinese good readers and poor readers : A think- aloud study. *J. Res. Read, 29*(4), 383-399.
Lazar, G. (1993). *Littérature et enseignement des langues*. Cambridge : Cambridge University Press.
Lee, Y. A. (2006). Respecifying display questions : Instructional resources for language teaching. *TESOL Quarterly, 40*(4), 691-713.
Lerstrom, A. (1990). Speaking across the curriculum : Moving toward shared responsibility ? *Document présenté lors de la réunion annuelle de la Conference on College Composition and Communication*, Chicago, IL.
Lidvall, C. (2008). Get Real : Instructional Implications for Authentic Writing Activities. Récupéré de <http://hdl.handle.net/1803/789>.
Lindsay, C. et Knight, P. (2006). *Apprendre et enseigner l'anglais. A Course for Teachers*. Londres : Oxford University Press.
Lipson, M. Y. (2007). *Teaching reading beyond the primary grades*. New York : Scholastic.
Lipstein, R. L. et Renninger, K. A. (2007). Interest for writing : How teachers can make a difference. *English Journal, 96*(4), 79-85.
Llewellyn, D. (2005). *Teaching high school science through inquiry*. Thousand Oaks, CA : Corwin Press.
Lo, J. et Hyland, F. (2007). Améliorer l'engagement et la motivation des élèves dans l'écriture : The case of primary students in Hong Kong. *Journal of Second Language Writing, 16*(4), 219-237.
Long, D. L., Oppy, B. J., &Seely, M. R. (1994). Individual differences in the time course of inferential processing. *Journal of Experimental Psychology, 20*, 1456-1470.
Lorenz, B., Green, T. et Brown, A. (2009). Utilisation d'un logiciel d'organisateur graphique multimédia dans les activités de pré-écriture des élèves de l'école primaire : Quels sont les avantages ? *Comput. Sch., 26*(2),115-129.
Macwan, H. J. (2015). Using visual aids as authentic material in ESL classrooms (Utilisation d'aides visuelles en tant que matériel authentique dans les classes d'anglais langue seconde). *Research Journal of English Language and Literature, 3*(1), 91-96.
Marcum-Dietrich, N. (2010). Un scientifique : Using science symposiums in the classroom. *The Science Teacher, 77*(4), 43.
Marefat, F. (2007). Intelligences multiples : Voices from an EFL writing class. *Pazhuhesh-e Zabanha- ye Khareji, 32*, 145-162.
Marquez, M. J. (2000). *Determinants of secondary school master teachers' utilization*. (Thèse de doctorat non publiée). Administration de l'éducation, Université des Philippines.
Mayer, R. et Simes, V. (1994). Pour qui une image vaut-elle mille mots ? Extensions of a dualcoding theory of multimedia learning. *Journal of Educational Technology*, 86, 389-401.
McCafferty, S. G., Jacobs, G. M., &Iddings, A. C. D. (2006). *Cooperative learning and second language teaching (Apprentissage coopératif et enseignement des langues secondes)*. Cambridge : Cambridge University Press.
McCarthy, M. (1992). *Vocabulary*. Oxford : Oxford University Press.
McDaniel, M. A., &Waddill P. J. (1994). The benefit of pictures in text. In W. Schontz& R. W. Kulhavy (Eds.), *Comprehension of Graphics* (pp.82-99). North-Holland : Elsevier Science B. V.
McKenzie, W. (1999). *Multiple intelligences and instructional technology* (2e éd.). Washington, DC : ISTE.
McKeown, M. G., Beck, I. L. et Blake, R. G. K. (2009). Repenser l'enseignement de la compréhension de la lecture : A comparison of instruction for strategies and content approaches. *Reading Research Quarterly, 44*(3), 218-253.
Megherbi, H., Seigneuric, A., & Ehrlich, M. F. (2006). Compréhension de la lecture chez les

enfants français de 1ère et 2ème année : Contribution du décodage et de la compréhension du langage. *European Journal of Psy-chology of Education, 21,* 135-147. doi:10.1007/BF03173573
Mercer, N. (2010). L'analyse des discussions en classe : Methods and methodologies. *British Journal of Educational Psychology, 80*, 1-14.
Mihara, K. (2011). Effets des stratégies de pré-lecture sur la compréhension de la lecture en EFL/ESL. *TESL Canada J. 28*(2), 51-73.
Min, W. et Li, J. Z. (2007). Implicit Part of Process Writing in Academic English Writing. *US-China Foreign Language 5*(8).
Mitchell, I. (2010). La relation entre les comportements de l'enseignant et le discours de l'élève dans la promotion de l'éducation à la citoyenneté.
l'apprentissage de qualité dans les classes de sciences. *Research in Science Education, 40*(2), 171-186.
Mogahed, M. M. (2013). Planning out pre-writing activities. *International Journal of English and Literature, 4*(3), 60-68. DOI : 10.5897/IJEL12.120
Mokhtari, K. et Reichard, C. (2002). Assessing students' metacognitive awareness of reading strategies. *J. Educ. Psychol. 94*(2), 249-259.
Momtaz, E. et Garner, M. (2010). Does collaborative learning improve EFL students' reading comprehension ? *Journal of Linguistics and Language Teaching, 1*(1), 15-36.
Moore, D. W., Bean, T. W., Birdyshaw, D. et Rycik, J. A. (1999). *Adolescent literacy : A position statement.* Newark, DE : Association internationale pour la lecture.
Moore, D. W., Readence, J. E. et Rickelman, R. J. (1983). An historical exploration of content area reading instruction. *Reading Research Quarterly, 18*, 419-438.
Moorman, G. B. et Blanton, W. E. (1990). The information test reading activity (ITRA) : engaging students in meaningful learning. *Journal of Reading, 34*, 174-183.
Motallebzadeh, K. &Heirany, N. (2011). Thematic Clustering of L2 Vocabularies : A Technique for Improving Reading Comprehension Ability of Iranian Intermediate EFL Adult Learners. *The Iranian EFL Journal, 7*(1), 8-17.
MousapourNegari, G. (2011). A Study on Strategy Instruction and EFL Learners' Writing Skill (Une étude sur l'enseignement de la stratégie et les compétences d'écriture des apprenants EFL). *International Journal of English Linguistics, 1*(2), 299-307. doi:10.5539/ijel.v1n2p299
Murphy, P. K., Wilkinson, I. A. G., Soter, A. O., Hennessey, M. N. et Alexander, J. F. (2009). Examiner les effets de la discussion en classe sur la compréhension du texte par les étudiants : A metaanalysis. *Journal of Educational Psychology, 101(3)*, 740-764.
Naseri, E., &Nejad Ansari, D. (2013). The relationship between multiple intelligences and Iranian high school students' L2 writing achievement.*International Journal of Psychology and Behavioral Research, 2*(5), 282-290.
Norman, R., Singer, D., McPherson, C. et Bradburn, K. (2005). *Project-oriented Technical Writing* (5e édition). Huntsville : Université de l'Alabama.
Nunan, D. (2006). Task-based language teaching in the Asia Context : Defining 'task'. *Asian EFL Journal*, *8*(3), 12-18.
Nunan, D. (1989). *Designing Tasks for the Communicative Classroom*. Cambridge : Cambridge Presses universitaires.
Nuttal, C. (1982). *Enseigner la lecture dans une langue étrangère*. Oxford : Macmilan Publishers.
Nuttall, C. (1996). *Enseigner la lecture dans une langue étrangère*. Oxford : Heinemann.
Nystrand, M. et Gamoran, A. (1991). Instructional discourse, student engagement, and literature achievement. *Research in the Teaching of English, 25*(3), 261-290.
Nystrand, M. (2006). Research on the role of classroom discourse as it affects reading comprehension (Recherche sur le rôle du discours en classe dans la compréhension de la lecture). *Research in the Teaching of English*, 40(4), 392-412.
Oakhill, J. (1984). Inferential and memory skills in children's comprehension of stories. *British Journal of Educational Psychology, 54*, 31-39.
Oakhill, J. et Yuill, N. (1996). Higher order factors in comprehension disability : Processes and remediation. Dans C. Comaldi& J. Oakhill (Eds.), *Reading Comprehension difficulties : Processes and intervention* (pp. 69-92). Mahwah, NJ : Lawrence Erlbaum Associates, Inc.
Oakhill, J. et Yuill, N. (1996). Higher order factors in comprehension disability : Processes and

remediation. Dans J. C. Cornoldi et J. Oakhill (Eds.), *Reading Comprehension Difficulties. Processes and Interven-tion* (pp. 69-92). Mahwah, New Jersey : Erlbaum.
Olshtain, E. (2001). Functional tasks for mastering the mechanics of writing and going just beyond. Dans M. Celce-Murcia (Ed.), *Teaching English as a second or foreign language* (pp. 207-217). États-Unis : Heinle&Heinle.
Olson, G. M., Duffy, S. A., & Mack, R. L. (1985). Questions-asking as a component of text comprehension. Dans A. C. Graesser et J. B. Black (Eds.), *The Psychology of Questions* (pp. 219-226). Mahwah, New Jersey : Erlbaum.
Ministère de l'éducation de l'Ontario. (2005a). L'éducation pour tous : Rapport de la Table ronde des experts pour l'enseignement en matière de littératie et de numératie pour les élèves ayant des besoins particuliers, de la maternelle à la 6e année. Toronto : Imprimeur de la Reine pour l'Ontario.
Ozbay, M. (2009). *Anlamateknikleri I : Okuma egitimi.* Ankara : OncuKitabevi.
Paivio, A. (1971). *Imagery and verbal processes.* New York : Holt, Rinehart & Winston.
Paivio, A. (1986). *Représentations mentales : Dual-coding approaches.* New York : Oxford University Press.
Palmer, D. (1986). *Writing Skills, at the chalk face ; Practical Techniques in Language Teaching.*
Londres : Edward Arnold Publishers Ltd.
Pan, Y. C. et Pan, Y. C. (2009). The effects of pictures on the reading comprehension of low proficiency Taiwanese English foreign language college students : An action research study. *VNU Journal of Science, Foreign Languages, 25*, 186-198.
Pearson, P. D. (2009). The roots of reading comprehension instruction. Dans S. E. Israel et G. G. Duffy (Eds.), *Handbook of Research on Reading Comprehension* (pp. 3-31). New York : Routledge.
Pearson, P. D. et Duke, N. K. (2002). Comprehension instruction in the primary grades. Dans C. C. Block & G. M. Pressley (Eds.), *Comprehension instruction : Research-based best practices* (pp. 247-258). New York : Guilford Press.
Pearson, P. D. et Johnson, D. D. (1974). *Teaching Reading Comprehension.* New York : Holt, Rinehart et Winston.
Pearson, P. D., & Johnson, D. D. (1984). *Teaching reading vocabulary* (2e éd.). New York : Holt, Rinehart & Winston.
Perkins, D.N. (1991). Educating for Insight. Educational Leadership, 63(4), 9-13.
Piaget, J. (1928). *Études sociologiques.* New York : Routledge.
Piaget, J. (1932). *Le jugement moral de l'enfant.* Londres : Free Press.
Pillai, S. et Vengadasamy, R. (2010). Developing Understanding and Appreciation of Literature and Critical Reading Concepts Through Multimodal Approaches (Développer la compréhension et l'appréciation de la littérature et des concepts de lecture critique par le biais d'approches multimodales). *Malaysian Journal of ELT Research, 6*, 133-165. Tiré de http://www.melta.org.my/modules/tinycontent/Dos/Shanthini_Ravichandran_2010a.pdf
Pinnell, G. S., &Fountas, I. (1998). *Word matters.* Portsmouth, NH : Heinemann.
Pishghadam, R. et Ghanizadeh, A. (2006). On the Impact of Concept Mapping as a Prewriting Activity on EFL Learners' Writing Ability (L'impact de la cartographie conceptuelle en tant qu'activité de pré-écriture sur la capacité d'écriture des apprenants EFL). *IJAL Journal,* 9(2).
PourhosseinGilakjani, A., &Ahmadi, S. M. (2011). The Effect of Text Familiarity on Iranian EFL Learners' Listening Comprehension (L'effet de la familiarité du texte sur la compréhension orale des apprenants iraniens d'anglais langue étrangère). *Journal of Language Teaching and Research, 2*(4), 783789.
Prado, L. et Plourde, L. (2005). Increasing reading comprehension through the explicit teaching of reading strategies : is there a difference among the genders ? *Reading Improvement*, 32-43.
Pressley, M., Johnson, C. J., Symons, S., McGoldrick, J. A., & Kurita, J. A. (1989). Strategies that improve children's memory and compre-hension of text. *The Elementary School Journal, 90,* 3-32. doi:10.1086/461599
Rael, P. (2004). *Reading, writing, and researching for history (Lire, écrire et faire des recherches sur l'histoire).* Brunswick, Maine : Bowdoin College. Consulté le 28 janvier 2005 sur le site http://academic.bowdoin.edu/Writing Guides/index-9.htm
Rahimi, A. et Qannadzadeh, J. (2010). Quantitative use of logical connectors in Iranians EFL

essay writing and logical and linguistic intelligences (utilisation quantitative des connecteurs logiques dans les rédactions d'essais en anglais langue étrangère des Iraniens et intelligences logiques et linguistiques). *Procedia Social and Behavioral Sciences, 54*, 2012-2019.
Raimes, A. (1990). Le test d'anglais écrit du TOEFL : Causes for concern. *TESOL Quarterly, 24*(3), 427-442.
Raimes, A. (1991). Out of the Woods : Emerging Traditions in the Teaching of Writing. *TESOL Quarterly, 25*, 407-430.
Raimes, A. (1998). Teaching writing. *Annual Review of Applied Linguistics, 18*, 142-167.
Rao, Z. (2007). Training in Brainstorming and Developing Writing Skills (Formation au brainstorming et au développement des compétences rédactionnelles). *ELT Journal,* 61(2), 100106.
Raphael, T. E. et Gavelek, J. R. (1984). Question-related activities and their relationship to reading comprehension : Some instructional implications. In G. Duffy, L. Roehler, & J. Mason (Eds.), *Comprehension instruction : Perspectives and suggestions*. New York : Longman, Inc. Références
Reid, J. (1993). *Teaching ESL Writing.* Englewood Cliffs, NJ : Regents Prentice Hall.
Reid, J. (2002). *Managing small-group learning.* Newtown, Australie : Primary English Teaching Association.
Richard, J. C. & Schmidt, R. (Eds.). (2002). *Dictionnaire Longman de l'enseignement des langues et de la linguistique appliquée* (3e éd.). Londres : Longman.
Richards, J. (1990). *La matrice de l'enseignement des langues*. Angleterre : Cambridge University press.
Richards, J. C. &Renandya, W. A. (2002).*Méthodologie de l'enseignement des langues.* Cambridge : Cambridge University Press.
Richards, J. C. et Rodgers, T. S. (2001). *Approaches and Methods in Language Teaching* (2e éd.).
Cambridge : Cambridge University Press.
Richards, J. C. (2003). *Second Language Writing.* Ken Hyland : Cambridge Language Education.
Richards, J. C., &Renandya, W.A. (Eds.). (2005). *Methodology in language teaching : An anthology of current practice* (5e éd.). Cambridge : Cambridge University Press.
Rickard, J. (1979), Adjunct post questions in text : A critical review of methods and processes. *Review of Educational Research, 49,* 181-196.
Rickards, J. P. (1976). Type of verbatim question interspersed in text : A new look at the position effect. *Journal of Reading Behavior, 8*, 37-45.
Ringler, L. H. et Weber, C. K. (1984). *A language -thinking approach to reading*. San Diego : Harcourt Brace Jovanovich.
Rivers, W. M. (1981). Teaching foreign language skills in a foreign language skills. Chicago : University of Chicago Press.
Roberts, S. K. (2002). Taking a technological path to poetry prewriting. *Lire. Teach, 55*(7), 678-87.
Rokhsari, S. (2012). The Effect of Text Nativization and Schema-Based Pre-Reading Activities on Reading Comprehension of EFL Students (L'effet de la nativisation du texte et des activités de pré-lecture basées sur les schémas sur la compréhension de la lecture des étudiants EFL). *Journal of Academic and Applied Studies, 2*(5), 45-75.
Romero, C. C. (2009). *Cooperative learning instruction and science achievement for secondary and early post-secondary students : A systematic review*. (Thèse de doctorat non publiée). Colorado State University, États-Unis.
Rosenblatt, L. (1993). La théorie transactionnelle : Against dualisms. *College English, 55*(4), 377-386.
Rosenblatt, L. (1993). La théorie transactionnelle : Against dualisms. College English.55(4), pp.377386.
Roshani, S., Azizifar, A., Gowhary, H., &Jamalinesari, A. (2015). The effect of pre-reading activities on the reading comprehension performance of ilami high school students. *International Journal of Language Learning and Applied Linguistics World, 8*(1), 26-36.
Rothkopf, E. Z. et Billington, M. J. (1974). Indirect review and priming through questions. *Journal of Educational Psychology, 646*, 669-679.

Routman, R. (1991). *Invitations.* Portsmouth, NH : Heinemann.
Royer, J. M., Bates, J. A. et Konold, C. E. (1983). Learning from text : methods of affecting reader intent. In J. C. Alderson & A. H. Urquart (eds.). *Reading in a Foreign Language* (pp. 65-85). Londres : Longman.
Rumelhart, D. E. (1980). Schemata : The building blocks of cognition. Dans R. J. Spiro, B. C. Bruce, et W. F. Brewer, Eds, *Theoretical Issues in Reading Comprehension.* Hillsdale, NJ : Erlbaum, pp. 33-58.
Rumelhart, D.E. (1977). Toward an interactive model of reading. Dans S. Dornic (Ed.), *Attention and Performance VI* (pp. 575-603). Hillsdale, NJ : Lawrence Erlbaum.
Salataci, R. et Akyel, A. (2002). Possible effects of strategy instruction on L1 and L2 reading. *Reading in a foreign language, 14* (1). 234-255.
Salli, A. (2002). Perceptions des enseignants de la formation aux stratégies dans l'enseignement de la lecture. (Mémoire de maîtrise non publié), Université Bilkent, Ankara, Turquie.
Saricoban, A. (2002). Stratégies de lecture des lecteurs performants à travers l'approche en trois phases. *Matrice de lecture, 2*, 1-16.
Saville-Troike, M. (1984). What really matters in second language learning for academic achievement ? *TESOL Quarterly, 18*, 199-219.
Schirmer, B. R. et Woolsey, M. L. (1997). Effect of Teacher Questions on the Reading Comprehension of Deaf Children. *Journal of Deaf Studies and Deaf Education, 2*(1), 47-56.
Schmitt, M. C. (1990). A questionnaire to measure children's awareness of strategic reading processes. The Reading Teacher, 43, 454-461.
Schumm, J. S. (2006). *Reading assessment and instruction for all learners.* New York : Guilford Press.
Schweiker-Marra, K. et Marra, W. (2000). Investigating the effects of prewriting activities on writing performance and anxiety of at-risk students. *Read. Psychol. 21*(2), 99-114.
Seow, A. (2002). The writing process and process writing. Dans J. Richards & W. A. Renandya (ed.), *Methodology in language teaching : An anthology of current practice*, (pp. 315-420). Cambridge : Cambridge University Press.
Shemwell, J. T. et Furtak, E. M. (2010). Science classroom discussion as scientific argumentation : A study of conceptually rich (and poor) student talk. *Educational Assessment, 15*(3), 222-250.
Shen, Z. (2004). Effets de la prévisualisation et de l'apport de connaissances de base sur la lecture en EFL
comprehension of American documentary narratives. *TESL Reporter, 37* (2), 50-63.
Sheorey, R. et Mokhtari, K. (2001). Differences in the metacognitive awareness of reading strategies among native and non-native readers. *System, 29*, 431-449.
Shih, S. C. (1991). A causal model on factors affecting EFL reading comprehension of two-year college students in Taiwan. *J. Natl. Taipei College, 4*, 25-110.
Silva, T. (1990). Second language composition instruction : Developments, issues and directions in ESL. Dans B. Kroll (Ed.), *Second Writing : Research insights for the classroom* (pp. 11-23). New York : Cambridge University Press.
Singhal. M. (1998). A comparison of L1 and L2 reading : cultural differences and schema. *The Internet TESL Journal, 4*(10).
Slavin, R. (1995). *Cooperative learning : Theory, research, and practice.* Massachusetts : Allyn and Bacon.
Smith, A. F. (1999). Generating ideas cooperatively in writing class : Prewriting activities for junior college students. Eric, ED437850.
Smith, B. L. et MacGregor, J. T. (1992). What is collaborative learning ? Dans A. Goodsell, M. Maher, V. Tinto, B. L. Smith, & J. T. MacGregor (Eds.), *Collaborative Learning : A Sourcebook for Higher Education.* USA, Pennsylvania State University : National center on postsecondary teaching, learning, and assessment publishing.
Smith, F. (1983). Reading like a writer. *Language Arts, 60*(5), 558-567.
Sokolik, M. (2003). *Writing. Practical English Language Teaching.* New York : McGraw-Hill.
Spooner, A. L. R., Gathercole, S. E. et Baddeley, A. D. (2006). Does weak reading comprehension reflect an integration deficit ? *Journal of Research in Reading, 29,* 173-193. doi:10.1111/j.1467-9817.2006.00284.x
Sun, T. (2003). *Lisez-moi d'abord ! A Style Guide for the Computer Industry, Chapter One.*

Deuxième édition. New Jersey : Prentice Hall.
Supanic, S. A. (2006). *A descriptive study of the use of reading strategies in Illinois vocational classrooms* (étude descriptive de *l'utilisation des stratégies de lecture dans les classes professionnelles de l'Illinois*) (thèse de doctorat non publiée). Université de l'Illinois, États-Unis.
Taglieber, K. L. (1988). The effect of Pre-reading activities on EFL reading comprehension. *TESOL Quarterly*, 22, 455-472.
Taglieber, L. K., Johnson, L. L. et Yarbrough, D. B. (1988). Effects of prereading activities on EFL reading by Brazilian college students. *TESOL Quarterly, 22*, 455-472.
Tajzadeh, P., Jahandar, S. et Khodabandehlou, M. (2013). The impact of visual presentation on Iranian intermediate EFL learner's writing ability (L'impact de la présentation visuelle sur la capacité d'écriture de l'apprenant EFL intermédiaire iranien). *Indian Journal of Fundamental and Applied Life Sciences, 3*(3), 235-240.
Tang, X. (2006). Principes du processus d'enseignement. *Writing in a Learner-Centered Classroom, 3*(2), 2639.
Tankersley, K. (2003). *The threads of reading : Strategies of literacy development*. Alexandria, VA : Association for Curriculum and Supervision Development.
Tankersley, K. (2003). *The threads of reading : Strategies of literacy development.* Alexandria, VA : Association for Curriculum and Supervision Development.
Tavassoli, A., Jahandar, S., &Khodabandehlou, M. (2013). The effect of pictorial contexts on reading comprehension of Iranian high school students : a comparison between pre-vs. during reading activities. *Indian Journal of Fundamental and Applied Life Sciences, 3*(3), 553-565.
Thongyon, P., &Chiramanee, T. (2011). *The Effects of pre-reading activities on reading comprehension ability*. Document présenté à la 3e conférence internationale sur les sciences humaines et sociales. Faculty of Liberal Arts, Prince of Songkla University Proceedings-Teaching Techniques.
Thongyon, P., &Chiramanee, T. (2011). *The Effects of Pre-reading Activities on Reading Comprehension Ability*. Document présenté à la 3e conférence internationale sur les sciences humaines et sociales. Faculté des arts libéraux, Université du Prince de Songkla.
Thornbury, S. (2004). *Comment enseigner le vocabulaire.* Essex : Pearson Education Limited.
Thorne, S. (1993). La préécriture : A basic skill for basic writers. *Teaching English in the Two-Year College, 20*(1), 31-36.
Tierney, R. J. et Pearson, P. D. (1983). Toward a composing model of reading. *Language Arts, 60*(5), 568-580.
Tompkins, G. E. (2001). *L'alphabétisation pour le 21e siècle : A balanced approach*. Columbus, OH : Merrill Prentice Hall.
Trosky, O. S. et Wood, C. C. (1982). A perspective on teaching classroom writing. Winnipeg : Université du Manitoba.
Tsai, C. C. (2008). The preferences toward constructivist Internet-based learning environments among university students in Taiwan. *Computers in Human Behavior, 24*(1), 16-31. http://dx.doi.Org/10.1016/j.chb.2006.12.002
Tsai, H. F. et Wilkinson, I. A. G. (2009). *Why Should Discussion Affect Reading Comprehension ? An Analysis of Theoretical Frameworks*. Document présenté à la conférence annuelle de l'American Educational Research Association. Collège d'éducation et d'écologie humaine, Université de l'État de l'Ohio.
Tudor, I. (1989). Pre-reading : A categorization of formats. *System*, *17*, 323-328.
Ur, P. (1996). *Un cours sur l'enseignement des langues*. Cambridge : Cambridge University Press.
Van Dijk, T. A., &Kintsch, W. (1983). *Strategies of discourse comprehension (Stratégies de compréhension du discours).* New York : Academic Press.
Wallace, C. (1992). *Reading*. Oxford : Oxford University Press.
Wallence, C. (1992). *Reading*. Oxford : Oxford University Press.
Watts, G. H. et Anderson, R. C. (1971). Effect of three types of inserted questions of learning from prose. *Journal of Educational Psychology, 62,* 387-394.
Wells, G. (2007). Semiotic mediation, dialogue and the construction of knowledge (Médiation sémiotique, dialogue et construction des connaissances). *Human Development, 50*(5), 244-274.
Wichadee, S. (2007). *The effect of cooperative learning on English reading skills and attitudes of the first-year students at Bangkok University (L'effet de l'apprentissage coopératif sur les*

compétences en lecture et les attitudes des étudiants de première année à l'université de Bangkok). Présenté à la conférence sur les langues à des fins spécifiques dans l'enseignement supérieur - Recherche de solutions communes, organisée par l'université de technologie de Brno, République tchèque.

Wichadee, S. (2013). Improving students' summary writing ability through collaboration : a comparison between online wiki group and conventional face-to-face group. *The Turkish Online Journal of Educational Technology, 12*(3), 107-116.

Widdowson, H. (1983). *Learning purpose and language use (Objectif d'apprentissage et utilisation de la langue).* Oxford : Oxford University Press.

Wiesendanger, K. et Wollenberg, J. (1978). Prequestioning inhibits third graders' reading comprehension. *The Reading Teacher, 31*, 892-895.

Williams, E. (1987). Classroom reading through activating content-based schemata. *Reading in a*

Langue étrangère, 4, 1-7.

Wilson, J. (1986). Task-based language learning. Dans D. Harper (Ed.), *ESP for the university* (pp.2643). Oxford : Macmillan Education.

Winter, J. K. (1996). Student perceptions of the value of a prewriting problem-solving plan (Perception par les étudiants de la valeur d'un plan de résolution de problèmes avant l'écriture). *Bus. Commun. Quart. 59*(4), 47-55.

Woolley, J. (2002). Honorer nos anciens combattants par la préécriture de poèmes. Eric, ED480630.

Worden, D. L. (2009). Finding process in product : Prewriting and revision in timed essay responses. *Assessing Writing, 14*(3), 157-177.

Wright, A. (1990). *Pictures for Language Learning (Images pour l'apprentissage des langues).* Cambridge : Cambridge University Press.

Yang, J. C. et Chung, I. L. (2005). Web-based interactive writing environment : development and evaluation. *Educational Technology & Society, 8*(2), 214-229.

Yang, Y. (2006). Stratégies de *lecture* ou stratégies de contrôle de la compréhension ? *Psychol. 27*, 313-343.

Yau, J. C. (2005). Two Mandarin readers in Taiwan : Characteristics of children with higher and lower reading proficiency levels. *Journal of Research in Reading, 28*(2), 108-123.

Yeeding, S. (2007). Utilisation d'activités de pré-lecture pour accroître la motivation des apprenants en matière de compréhension de la lecture : A case of 2nd year vocational students enrolled in the Electrical and Electronic Certificate Program at Industrial Technology College, King Mongkut. Pranakorn.

Young, T. A. (1988). *Students' predictive questions and teacher's pre questions about expository text in grades K-5.* (Digital Dissertations).

Yunus, M. M., Salehi, H. et John, S. A. (2013). Utilisation d'aides visuelles comme outil de motivation pour renforcer l'intérêt des étudiants pour la lecture de textes littéraires. Recent Advances in Educational Technologies, 114. www.wikipedia.org

Yusuf, H. O. (2011). The effect of pre-reading activities on students' performance in reading comprehension in senior secondary schools (L'effet des activités de pré-lecture sur les performances des élèves en matière de compréhension de la lecture dans les écoles secondaires supérieures). *Educational Research, 2*(9), 1451-1455.

Zamel, V. (1983). The composing processes of advanced ESL students : Six cases studies. *TESOL Quarterly, 17*(2), 165-187.

Zamel, V. (1987). Recent research on writing pedagogy. *TESOL Quarterly, 21*(4), 697-715.

Zhang, L. et Vukelich, C. (1998). Prewriting activities and gender : Influences sur la qualité de l'écriture

d'étudiants et d'étudiantes. Eric, ED422297.

Annexes

Annexe A (Tests de compréhension de l'écrit et d'expression écrite)

Test de compréhension écrite 1

Les chutes du Niagara, l'une des merveilles naturelles les plus célèbres d'Amérique du Nord, sont depuis longtemps une destination touristique très prisée. Aujourd'hui, les touristes affluent pour voir les deux chutes qui constituent les chutes du Niagara : les chutes du Fer à cheval, hautes de 173 pieds, situées sur la rive canadienne de la rivière Niagara, dans la province canadienne de l'Ontario, et les chutes américaines, hautes de 182 pieds, situées sur la rive américaine de la rivière, dans l'État de New York. Environ 85 % de l'eau qui franchit les chutes passe par les Horseshoe Falls, le reste passant par les American Falls.

La plupart des visiteurs viennent entre avril et octobre, et c'est une activité très populaire que de prendre un bateau à vapeur sur la rivière et de s'approcher de la base des chutes pour les voir de près. Il est également possible d'avoir une vue spectaculaire des chutes depuis les endroits stratégiques le long de la rivière Niagara, tels que Prospect Point ou Table Rock, ou depuis l'une des quatre tours d'observation qui s'élèvent jusqu'à 500 pieds de haut.

Les touristes visitent les chutes du Niagara en grand nombre depuis les années 1800 ; la fréquentation annuelle moyenne dépasse aujourd'hui les 10 millions de visiteurs par an. Craignant que tous ces touristes ne détruisent par inadvertance la beauté naturelle de cette merveille panoramique, l'État de New York a créé en 1885 le parc des chutes du Niagara afin de protéger les terres entourant les chutes américaines. Un an plus tard, le Canada a créé le parc Queen Victoria sur la rive canadienne du Niagara, autour des chutes Horseshoe. La zone entourant les chutes étant placée sous la juridiction d'agences gouvernementales, des mesures appropriées ont pu être prises pour préserver la beauté immaculée de la région.

1. Quel est le principal argument de l'auteur dans ce passage ?

A. Les chutes du Niagara peuvent être vues du côté américain ou du côté canadien.
B. Un voyage aux États-Unis ne saurait être complet sans une visite des chutes du Niagara.
C. Les chutes du Niagara ont une histoire intéressante.
D. Il a été nécessaire de protéger les chutes du Niagara des nombreux touristes qui s'y rendent.

2. Le mot "flock" à la ligne 2 peut être remplacé par

A. venir en avion
B. viennent en grand nombre
C. sortir de l'ennui
D. viennent sans savoir ce qu'ils verront

3. D'après ce passage, lequel des énoncés suivants décrit le mieux les chutes du Niagara ?

A. Les chutes du Niagara sont constituées de deux rivières, l'une canadienne et l'autre américaine.
B. American Falls est considérablement plus haute que Horseshoe Falls.
C. La rivière Niagara a deux chutes, l'une au Canada et l'autre aux États-Unis.
D. Bien que la rivière Niagara traverse les États-Unis et le Canada, les chutes ne se trouvent qu'aux États-Unis.

4. Un "steamer" à la ligne 8 est probablement

A. un bus
B. un bateau
C. une passerelle
D. un parc

5. L'expression "jusqu'à" à la ligne 8 pourrait être remplacée par

A. tourner à droite
B. suivre les procédures correctes
C. voyager en amont
D. jusqu'au bout

6. Le passage laisse entendre que les touristes préfèrent

A. visiter les chutes du Niagara par temps chaud
B. voir les chutes de très loin
C. faire un tour sur les chutes
D. venir aux chutes du Niagara pour des vacances d'hiver

7. D'après le passage, pourquoi le parc du Niagara a-t-il été créé ?

A. Encourager les touristes à visiter les chutes du Niagara

B. Montrer la beauté de la nature des chutes du Niagara
C. Protéger la zone autour des chutes du Niagara
D. Forcer le Canada à ouvrir le parc de la Reine Victoria
8. Le mot "juridiction" à la ligne 17 a le sens le plus proche de
A. vue
B. l'assistance
C. fiscalité
D. contrôle
9. Le mot "pristine" à la ligne 18 a le sens le plus proche de
A. pure et naturelle
B. très développé
C. bien réglementé
D. surutilisé
10. Le paragraphe qui suit le passage aborde très probablement les points suivants
A. autres moyens d'observer les chutes
B. les mesures prises par les agences gouvernementales pour protéger les chutes
C. une description détaillée de la répartition des chutes entre les États-Unis et le Canada
D. d'autres problèmes qui détruisent la zone autour des chutes

Épreuve d'écriture 1

Certains rêvent de se rendre aux chutes du Niagara, d'autres s'en moquent. Qu'en est-il pour vous ? Aimeriez-vous voir les chutes du Niagara ou non ? Justifiez votre idée par des raisons et des exemples (en trois paragraphes environ).

Test de compréhension écrite 2

Deux mois seulement après le vol d'*Apollo 10*, les astronautes d'*Apollo 11* ont effectué leur atterrissage historique sur la surface de la Lune. Ce voyage capital pour l'humanité a également fourni aux scientifiques une abondance de matériel d'étude ; grâce aux échantillons de roches et de sol ramenés de la Lune, les scientifiques ont pu déterminer la composition de la Lune (et en tirer des conclusions sur le développement de la Lune).

Le sol lunaire ramené par Apollo 11 contient de petits morceaux de roche et de verre qui ont probablement été broyés à partir de roches plus grosses lors de l'impact de météores sur la surface de la Lune. Les morceaux de verre sont de forme sphérique et constituent environ la moitié du sol lunaire. Les scientifiques n'ont trouvé aucune trace de vie animale ou végétale dans ce sol.

Outre le sol lunaire, les astronautes ont recueilli deux types de roches à la surface de la Lune : Le basalte et la brèche. Le basalte est une lave volcanique refroidie et durcie, commune à la Terre. Le basalte se formant à des températures extrêmement élevées, la présence de ce type de roche indique que la température de la Lune était autrefois très élevée. La brèche, l'autre type de roche ramenée par les astronautes, s'est formée lors de l'impact d'objets tombés à la surface de la Lune. Ce deuxième type de roche est constitué de petits morceaux de roche comprimés par la force de l'impact. Des gaz tels que l'hydrogène et l'hélium ont été trouvés dans certaines roches, et les scientifiques pensent que ces gaz ont été transportés sur la Lune par le vent solaire, les courants de gaz qui sont constamment **émis par** le Soleil.

1. Le paragraphe qui précède le passage traite très probablement
A. la formation des astronautes.
B. Le lancement du programme spatial *Apollo.*
C. un autre voyage dans l'espace.
D. les précédents alunissages.
2. Quel est le sujet de ce passage ?
A. Les astronautes d'*Apollo.*
B. Le sol de la Lune.
C. De quoi est faite la Lune.
D. Basalte et brèche.
3. D'après le passage, de quoi se compose le sol de la lune ?
A. Hydrogène et hélium.
B. Gros morceaux de lave volcanique.
C. De minuscules morceaux de pierre et de verre.
D. Courants de gaz

4. Lequel des éléments suivants n'a PAS été ramené sur Terre par les astronautes ?
A. Basalte
B. Sol
C. Brèche
D. Vie végétale
5. D'après le passage, la **brèche** s'est formée
A. lorsque des objets ont heurté la Lune.
B. de la lave volcanique.
C. Lorsque des courants de gaz frappent la surface de la Lune.
D. de l'interaction entre l'hélium et l'hydrogène.
6. Il est sous-entendu dans le passage que les scientifiques pensent que les gaz trouvés dans les roches lunaires.
A. n'étaient pas originaires de la Lune.
B. ont été créées à l'intérieur des roches.
C. a voyagé de la Lune au Soleil.
D. a provoqué une augmentation de la température de la Lune.
7. Le mot "**émis**" dans le dernier paragraphe est le plus proche dans son sens de
A. éteindre
B. vaporisé
C. envoyé
D. séparés
8. L'objectif de l'auteur dans ce passage est de
A. décrire quelques échantillons de roche et de sol.
B. expliquer certaines des leçons tirées des vols spatiaux.
C. proposent une nouvelle théorie sur la création de la Lune.
D. démontrer la différence entre le basalte et la brèche.
9. Le passage suivant permet de l'interpréter.
A. les seuls éléments importants que les astronautes ont ramenés de la Lune étaient des échantillons de roches et de sol.
B. les scientifiques ont appris relativement peu de choses sur les échantillons de roches et de sol de la Lune.
C. les scientifiques ne croient pas qu'il soit nécessaire de retourner sur la Lune.
D. Les échantillons de roches et de sol ne sont que quelques-uns des nombreux éléments significatifs provenant de la Lune.
10. Lequel des énoncés suivants constituerait le meilleur titre de l'article ?
A. Apollo 11
B. objets issus des vols spatiaux
C. roche sur la Lune
D. Astronautes

Épreuve d'écriture 2

Certains rêvent de voyager sur la lune, d'autres s'en moquent. Et vous ? Justifiez votre idée par des raisons et des exemples (en 3 paragraphes environ).

Test de compréhension de l'écrit 3

Aujourd'hui, le style de pantalon le plus universellement connu, tant pour les hommes que pour les femmes, est le jean ; ce pantalon est porté dans le monde entier à diverses occasions et dans diverses situations. Également appelé levis ou denims, le jean a une histoire intéressante, qui se mêle aux dérivations des mots jeans, denims et levis.

Le mot "jeans" est dérivé du nom de l'endroit où un style de pantalon similaire s'est développé. Au XVIe siècle, les marins de Gênes, en Italie, portaient un type de pantalon en coton assez unique. En français, le mot désignant la ville de Gênes et ses habitants est Genes ; ce nom s'est attaché au style spécifique de pantalon porté par les marins de cette ville et a évolué vers le mot jeans qui désigne aujourd'hui les descendants des pantalons en coton des marins génois.

Tout comme le mot "jeans", le mot "denim" est également dérivé d'un nom de lieu. Au XVIIe siècle, les tailleurs français ont commencé à fabriquer des pantalons à partir d'un type de tissu spécialisé développé dans la ville de Nîmes, en France, et connu sous le nom de serge de Nîmes. Le nom de ce tissu a subi quelques transformations et est finalement devenu le denim d'aujourd'hui, la matière à partir de laquelle les jeans sont fabriqués et un autre nom pour ces pantalons populaires.

Le mot "levis" vient du nom d'une personne plutôt que d'un lieu. Au XIXe siècle, l'immigrant Levi Strauss est arrivé en Amérique et a tenté de vendre des toiles épaisses aux mineurs qui participaient à la chasse à l'or dans le nord de la Californie. Strauss voulait que ces toiles soient utilisées par les mineurs pour fabriquer des tentes résistantes. Cette première tentative fut un échec, mais Strauss connut plus tard le succès en utilisant la toile lourde pour fabriquer des pantalons indestructibles pour les mineurs. Levi a ensuite remplacé la toile brune par du denim bleu, créant ainsi un style de pantalon qui lui a longtemps survécu et auquel on se réfère aujourd'hui par son nom. Le consommateur urbain d'aujourd'hui qui achète des Levi est à la recherche d'un produit proche de celui que Strauss avait mis au point des années plus tôt.

1. Ce passage est développé par
A. la citation et l'effet et ses causes
B. expliquer l'histoire à l'aide de trois cas spécifiques
C. démontrer les différents aspects d'une question
D. élaborer la biographie d'une personne célèbre de manière choronologique
2. Le mot "unique" à la ligne 6 est le plus proche dans son sens de
A. universel
B. solitaire
C. inhabituel
D. banal
3. Tous les éléments suivants sont mentionnés dans le passage sur Gênes SAUF celui qui est
A. est à l'origine du mot "jeans".
B. est en Italie
C. a un nom différent dans la langue française
D. est une ville enclavée
4. Le mot "descendants" à la ligne 9 pourrait être remplacé par
A. progéniture
B. bas
C. antécédents
D. dérivations
5. Le mot "*denim*" est probablement dérivé de
A. deux mots français
B. deux mots italiens
C. un mot français et un mot italien
D. trois mots français
6. Le pronom "il" de la ligne 13 fait référence à
A. ville
B. nom
C. tissu
D. matériel
7. Le mot "switched" à la ligne 19 est le plus proche dans son sens de
A. réduit
B. créé
C. battu
D. Modifié
8. On peut déduire du passage que, pour mettre au point les pantalons qui l'ont rendu célèbre, Strauss a fait laquelle des choses suivantes ?
A. Il a étudié la couture à Nîmes.
B. Il a utilisé un type de matériau existant.
C. Il a expérimenté le denim marron.
D. Il a testé la destructibilité du pantalon.
9. À quel endroit du passage l'auteur explique-t-il comment s'est déroulée la première tentative de Strauss de créer une entreprise avec de la toile ?
A. Lignes 12-14
B. Lignes 15-17

C. Lignes 18-19
D. Lignes 21-22

Épreuve d'écriture 3

Aujourd'hui, les jeunes préfèrent porter des jeans. Quel est votre style de pantalon préféré ? Utilisez des raisons et des exemples spécifiques pour étayer vos réponses (en 3 paragraphes environ).

Test de compréhension écrite 4

Le cerveau humain, d'un poids moyen de 1,4 kilogramme, est le centre de contrôle du corps. Il reçoit les informations des sens, les traite et envoie rapidement des réponses ; il stocke également les informations qui sont à l'origine des pensées et des sentiments humains. Chacune des trois parties principales du cerveau - le cerveau, le cervelet et le tronc cérébral - a son propre rôle dans l'accomplissement de ces fonctions.

Le cerveau est de loin la plus grande des trois parties, puisqu'il représente 85 % du poids du cerveau. La couche externe du cerveau, le cortex cérébral, est une surface striée et bosselée qui recouvre les cellules nerveuses situées en dessous. Les différentes sections du cerveau sont le cortex sensoriel, qui est responsable de la réception et du décodage des messages sensoriels provenant du corps ; le cortex moteur, qui envoie des instructions d'action aux muscles squelettiques ; et le cortex d'association, qui reçoit, surveille et traite les informations. C'est dans le cortex d'association que se déroulent les processus qui permettent à l'homme de penser.

Le cervelet, situé sous le cerveau dans la partie arrière du crâne, est constitué de masses de cellules nerveuses regroupées. C'est le cervelet qui contrôle l'équilibre, la coordination et la posture de l'homme.

Le tronc cérébral, qui relie le cerveau et la moelle épinière, contrôle divers processus corporels tels que la respiration et le rythme cardiaque. Il s'agit de la principale voie motrice et sensorielle reliant le corps au cerveau.

1. Quel est l'objectif principal de l'auteur ?
A. Décrire les fonctions des différentes parties du cerveau
B. Expliquer comment le cerveau traite les informations
C. Démontrer la composition physique du cerveau
D. Donner des exemples de fonctions du corps humain
2. Le mot "magasins" à la ligne 3 a le sens le plus proche de
A. magasins
B. processus
C. libérations
D. stocks
3. La partie la plus massive du cerveau est le
A. cerveau
B. cervelet
C. cortex cérébral
D. tronc cérébral
4. Le "cortex cérébral" de la ligne 7 est
A. une couche du cerveau située sous le cerveau
B. une couche de cellules nerveuses dans le cerveau
C. une partie du cerveau qui représente 85 % du cerveau
D. couche striée recouvrant le cerveau dans l'encéphale
5. Le mot "moniteurs" à la ligne 11 est le plus proche de la signification de l'un des termes suivants ?
A. Suivi de l'évolution des
B. Maintient la tenue
C. S'en sort avec
D. Se débarrasse de
6. Le cortex sensoriel
A. sent que des messages doivent être envoyés aux muscles
B. fournit un revêtement de surface pour les cellules nerveuses
C. est le lieu où se déroule le processus humain de la pensée
D. reçoit et traite les informations provenant des sens.
7. Laquelle des affirmations suivantes est vraie à propos du cervelet ?
A. Il est situé au-dessus du cerveau.
B. Il contrôle la respiration.

C. Il est responsable de l'équilibre.
D. Il s'agit de la couche externe du cerveau.
8. Quelle est la forme la plus probable du tronc cérébral ?
A. Petit et rond
B. Longs et fins
C. Grandes et sans forme
D. Court et plat
9. Lequel des termes suivants pourrait être utilisé à la place de "pathway" à la ligne 16 ?
A. Voie d'accès
B. Chaussée
C. Itinéraire
D. Rue

Épreuve d'écriture 4

Que savez-vous de votre cerveau ? Décrivez en détail les différentes parties du cerveau et leur fonction (en 3 paragraphes environ).

Test de compréhension de l'écrit 5

Les histoires d'abeilles tueuses qui ont fait la une des journaux ces dernières années ont attiré beaucoup d'attention, car les abeilles se sont déplacées de l'Amérique du Sud vers l'Amérique du Nord. Les abeilles tueuses ont la réputation d'être extrêmement agressives par nature, bien que les experts affirment que leur agressivité pourrait avoir été quelque peu exagérée.

L'abeille tueuse est un hybride - ou une combinaison - de la souche européenne très douce de l'abeille domestique et de l'abeille africaine considérablement plus agressive, qui a été créée lorsque la souche africaine a été importée au Brésil en 1955. Les abeilles africaines ont été introduites au Brésil parce que leur agressivité était considérée comme un avantage : elles étaient beaucoup plus productives que leurs homologues européennes en ce sens qu'elles passaient un pourcentage plus élevé de leur temps à travailler et continuaient à travailler plus longtemps par mauvais temps que les abeilles européennes.

Ces abeilles tueuses sont connues pour attaquer les humains et les animaux, et certaines ont été tuées. Les experts soulignent toutefois que la race mixte connue sous le nom d'abeille tueuse n'est en fait pas du tout aussi agressive que l'abeille africaine pure. Ils soulignent également que les attaques ont une cause chimique. Une abeille tueuse ne pique que lorsqu'elle a été dérangée ; elle n'est pas agressive par nature. Cependant, après avoir piqué et s'être envolée, l'abeille dérangée laisse son dard incrusté dans la victime. Dans la vicère attachée au dard enfoncé se trouve l'acétate d'isoamyle, un produit chimique dont l'odeur attire d'autres abeilles. Lorsque d'autres abeilles s'approchent de la victime de la piqûre initiale, celle-ci a tendance à paniquer, ce qui perturbe les autres abeilles et les incite à piquer. Les nouvelles piqûres produisent davantage d'acétate d'isoamyle, ce qui attire d'autres abeilles et augmente le niveau de panique de la victime. Les abeilles tueuses ont tendance à se déplacer en grands groupes ou essaims et répondent donc en grand nombre à la production d'acétate d'isoamyle.

1. Le sujet du paragraphe précédent était très probablement
A. les modes de production du miel
B. les médias parlent d'abeilles tueuses
C. la nature chimique des attaques d'abeilles tueuses
D. la création de l'abeille tueuse
2. On peut déduire du passage que l'abeille tueuse
A. a voyagé du Brésil vers l'Afrique en 1955
B. était un prédécesseur de l'abeille africaine
C. a été transporté d'Afrique au Brésil en 1955
D. n'existait pas au début du vingtième siècle
3. L'idée principale de ce passage est que les abeilles tueuses
A. ont fait couler beaucoup d'encre ces derniers temps
B. se sont déplacés à une vitesse inattendue à travers les Amériques
C. ne sont pas aussi agressifs que leur réputation le laisse entendre
D. sont des hybrides plutôt que des races pures
4. Pourquoi les abeilles africaines étaient-elles considérées comme bénéfiques ?
A. Ils ont produit un type de miel inhabituel.
B. Ils passaient leur temps à voyager.

C. Ils étaient très agressifs.
D. Ils se cachaient des intempéries.
5. Le mot "gonflé" à la ligne 4 pourrait être remplacé par
A. exagéré
B. soufflé
C. aéré
D. éclatement
6. Un "hybride" à la ligne 5 est
A. un mélange
B. un relatif
C. un prédécesseur
D. un ennemi
7. Il est dit dans le passage que les abeilles tueuses
A. sont plus meurtrières que les abeilles africaines
B. sont moins agressives que les abeilles africaines
C. ne jamais attaquer les animaux
D. s'attaquent toujours aux abeilles africaines
8. Le pronom "Ils" à la ligne 13 fait référence à
A. abeilles tueuses
B. l'homme et l'animal
C. décès
D. experts
9. Qu'est-ce qui n'est PAS mentionné dans le passage comme facteur contribuant à une attaque d'abeilles tueuses ?
A. Panique de la victime
B. Un produit chimique odorant
C. Perturbation des abeilles
D. Intempéries
10. À quel endroit du passage l'auteur décrit-il la taille des groupes dans lesquels les abeilles tueuses se déplacent ?
A. Lignes 2-4
B. Lignes 5-7
C. Lignes 11-12
D. Lignes 19-20

Épreuve d'écriture 5

Certaines personnes pensent que les abeilles sont des créatures dangereuses, tandis que d'autres les considèrent comme des créatures utiles. Êtes-vous d'accord avec les premiers ou les seconds ? Utilisez des raisons spécifiques et des exemples pour étayer vos raisons (en 3 paragraphes environ).

Test de compréhension de l'écrit 6

Il existe une expression courante dans la langue anglaise qui fait référence à une lune bleue. Lorsque les gens disent que quelque chose n'arrive "qu'une fois dans une lune bleue", ils veulent dire que cela n'arrive que très rarement, une fois de temps en temps. Cette expression existe depuis au moins un siècle et demi ; il existe des références linéaires à cette expression qui datent de la seconde moitié du dix-neuvième siècle.

L'expression "lune bleue" désigne aujourd'hui la deuxième pleine lune d'un mois civil donné. Une deuxième pleine lune n'est pas appelée "lune bleue" parce qu'elle est particulièrement bleue ou que sa teinte est différente de celle de la première pleine lune du mois. On l'appelle plutôt lune bleue parce qu'elle est très rare. La lune a besoin d'un peu plus de 29 jours, chaque mois aura au moins une lune. Comme tous les mois, sauf février, ont plus de 29 jours, chaque mois aura au moins une pleine lune (sauf février, qui aura une pleine lune sauf s'il y a une pleine lune fin janvier et une autre pleine lune tout début mars). C'est lorsqu'un mois civil donné connaît une deuxième pleine lune qu'il y a lune bleue. Cela ne se produit pas très souvent, seulement trois ou quatre fois par décennie.

Les lunes bleues d'aujourd'hui sont appelées lunes bleues en raison de leur rareté et non de leur couleur. Cependant, l'expression "lune bleue" pourrait avoir été créée en référence à des circonstances inhabituelles dans lesquelles la lune apparaissait effectivement bleue. Certains phénomènes naturels aux proportions gigantesques peuvent en effet modifier l'apparence de la lune depuis la Terre. L'éruption du volcan

Krakatau en 1883 a laissé dans l'atmosphère des particules de poussière qui ont obscurci le soleil et donné à la lune une teinte bleutée. Ce cas particulier de lune bleue est peut-être à l'origine de l'expression que nous utilisons aujourd'hui. Un autre exemple s'est produit plus d'un siècle plus tard. Lors de l'éruption du mont Pinatubo aux Philippines en 1991, la lune a de nouveau pris une teinte bleue.

1. Ce passage concerne
A. une phase de la lune
B. une couleur inhabituelle
C. un mois sur le calendrier
D. une expression idiomatique

2. Depuis quand l'expression "une fois par lune bleue" existe-t-elle ?
A. Depuis environ 50 ans
B. Depuis moins de 100 ans
C. Depuis plus de 100 ans
D. Depuis 200 ans

3. Une lune bleue peut être décrite comme
A. une pleine lune qui n'est pas bleue
B. une nouvelle lune de couleur bleue
C. une pleine lune de couleur bleue
D. une nouvelle lune qui n'est pas de couleur bleue

4. Le mot ***"teinte"*** dans le passage est le plus proche dans son sens de
A. forme
B. date
C. couleur
D. taille

5. Laquelle des dates suivantes pourrait être la date d'une "lune bleue" ?
A. 1er janvier
B. 28 février
C. 15 avril
D. 31 décembre

6. Combien de lunes bleues y a-t-il probablement en un siècle ?
A. 4
B. 35
C. 70
D. 100

7. D'après le passage, la lune était en fait bleue
A. après de grandes éruptions volcaniques
B. lorsqu'il se produit tard dans la lune
C. plusieurs fois par an
D. au cours du mois de février

8. L'expression ***"donné lieu à"*** dans le passage pourrait être remplacée par
A. a créé un besoin de
B. a élevé le niveau de
C. a stimulé la création de
D. éclaircir la couleur de

9. À quel endroit du texte l'auteur décrit-il la durée d'un cycle lunaire ?
A. Lignes 2-3
B. Lignes 7-8
C. Lignes 9-10
D. Lignes 10-11

10. Le verbe ***"a pris"*** dans le passage pourrait être remplacé par
A. employés
B. a commencé à avoir
C. entreprendre

D. abordé

Épreuve d'écriture 6

Que savez-vous de l'origine de l'expression "une fois par lune bleue" ? Rédigez un texte spécifique sur le sens de cette expression et son origine (en 3 paragraphes).

Test de compréhension écrite 7

Le Mont Rushmore est un monument bien connu situé dans les Black Hills, dans le Dakota du Sud, qui représente les visages de quatre présidents des États-Unis : Washengton, Jefferson, Roosevelt et Lincoln. Ce que l'on sait moins, c'est que le processus de création de ce trésor national ne s'est pas déroulé sans heurts.

Le Mont Rushmore est le projet du sculpteur visionnaire John Gutzen de la Mothe Borglum, né dans l'Idaho mais qui a étudié la sculpture à Paris dans sa jeunesse et s'est lié d'amitié avec le célèbre sculpteur français Auguste Rodin. En 1927, Borglum a été chargé par le gouvernement fédéral de créer la sculpture du mont Rushmore. Bien qu'il ait près de soixante ans lorsqu'il commence, il ne se laisse pas décourager par l'énormité du projet et les obstacles qu'il engendre. Il a affirmé avec optimisme que le projet serait achevé en cinq ans, sans se soucier des problèmes potentiels qu'un projet d'une telle ampleur impliquerait, des problèmes de financement, de la bureaucratie gouvernementale et de Mère Nature elle-même. Un exemple de ce que Mère Nature a fait subir au projet est la fissure - ou grande fêlure - qui s'est développée dans le granit où Jefferson était sculpté. Jefferson a dû être déplacé de l'autre côté de Washengton, à côté de Roosevelt, à cause de la fissure dans la pierre. Les travaux commencés sur le premier Jefferson ont dû être détruits à la dynamite.

Le Mont Rushmore n'a pas été achevé dans les cinq ans prévus par Borglum et n'a en fait pas été achevé du vivant de Burglum, bien qu'il ait été presque terminé. Burglum mourut le 6 mars 1941, à l'âge de soixante-quatorze ans, après quatorze années de travail sur les présidents. Son fils, Lincoln Borglum, qui a travaillé avec son père tout au long du projet, a achevé le monument huit mois après la mort de son père.

1. Lequel des énoncés suivants exprime le mieux l'idée principale du passage ?
A. Le Mont Rushmore était un projet gigantesque, semé d'embûches.
B. Le Mont Rushmore est un célèbre monument américain.
C. Le Mont Rushmore abrite les sculptures de quatre présidents des États-Unis.
D. John Gutzen de la Mothe Borglum a créé le Mont Rushmore.

2. Lequel des énoncés suivants décrit le mieux la relation entre Borglum et Rodin dans les premières années de Burglum ?
A. Borglum a étudié Rodin à Paris.
B. Borglum était bien plus célèbre que Rodin en tant que sculpteur.
C. Borglum et Rodin sont nés et ont grandi au même endroit.
D. Borglum et Rodin étaient amis.

3. Le mot "presque" à la ligne 8 pourrait être remplacé par l'une des expressions suivantes
A. Plus de
B. De près
C. Presque
D. À peine

4. Laquelle des affirmations suivantes n'est pas vraie à propos de Borglum ?
A. Il a commencé le Mont Rushmore vers l'âge de soixante ans.
B. Il a prédit que le Mont Rushmore serait terminé vers 1932.
C. Le Mont Rushmore a été achevé à la date prévue par Borglum.
D. Borglum a travaillé sur le Mont Rushmore pendant plus de dix ans.

5. On peut déduire de ce passage que Borglum était quelqu'un qui
A. s'attendre à ce que le meilleur se produise
B. fixer des objectifs réalistes
C. n'a jamais essayé quelque chose de trop difficile
D. a toujours eu peur que de mauvaises choses arrivent

6. Une "fissure" à la ligne 13 est une
A. décoloration
B. pause
C. irrégularité
D. douceur

7. Pourquoi l'auteur mentionne-t-il le fait que la sculpture de Thomas Jefferson a été déplacée ?
A. Cela montre à quel point Borglum était perfectionniste.

B. Elle témoigne du style artistique de Borglum.
C. Il donne un aperçu du caractère de Jefferson.
D. C'est un exemple de problème causé par la nature.
8. Le pronom "il" de la ligne 18 fait référence à l'un des éléments suivants ?
A. Le premier Jefferson
B. Mont Rushmore
C. La vie de Borglum
D. Quatorze ans de travail
9. Lequel des termes suivants se rapproche le plus de l'expression "huit mois après la mort de son père" à la ligne 21 ?
A. Plus de huit mois avant la mort de son père
B. Moins de huit mois avant la mort de son père
C. Moins de huit mois après la mort de son père
D. Plus de huit mois après la mort de son père
10. À quel endroit du texte l'auteur mentionne-t-il la date de lancement du projet du Mont Rushmore ?
A. Lignes 1-4
B. Lignes 7-8
C. Lignes 9-12
D. Lignes 17-18
11. Ce passage serait très probablement une lecture obligatoire dans le cadre d'un cours sur les
A. histoire de l'art
B. géographie
C. gestion
D. gouvernement

Épreuve d'écriture 7

Avez-vous déjà entendu parler de Rushmore Monument. Écrivez en détail tout ce que vous savez sur le monument de Rushmore (en 3 paragraphes).

Test de compréhension écrite 8

Ce que l'on appelle communément le poivre provient en réalité de deux familles de plantes très différentes. Le poivre noir et le poivre blanc proviennent tous deux du fruit du Piper nigrum, une plante grimpante dont les fruits sont appelés grains de poivre. Les grains de poivre passent du vert au rouge en mûrissant et noircissent en séchant. Les grains de poivre séchés sont moulus pour obtenir le poivre noir. Le poivre blanc, qui a une saveur plus subtile que le poivre noir, provient des mêmes grains de poivre que le poivre noir ; pour obtenir le poivre blanc, on enlève la coque extérieure du grain de poivre, le péricarpe, avant de moudre le grain de poivre.

Les poivrons rouges et verts, en revanche, appartiennent à une famille complètement différente de celle des poivrons noirs et blancs. Les poivrons rouges et verts appartiennent au genre Capsicum. Les plantes de ce genre ont généralement de minuscules fleurs blanches et des fruits qui peuvent être de différentes couleurs, formes et tailles. La saveur de ces poivrons varie de très douce et sucrée à la saveur la plus incroyablement brûlante que l'on puisse imaginer.

C'est à Christophe Colomb que l'on doit la confusion actuelle sur ce qu'est un poivre. La variété de poivre Piper nigrum a été très appréciée pendant des siècles, et la forte demande de poivre par les Européens a été l'une des principales causes de la volonté, au XVe siècle, de trouver des routes océaniques vers les régions asiatiques productrices d'épices. Lorsque Christophe Colomb est arrivé dans le Nouveau Monde en 1492, il s'est particulièrement intéressé au poivre noir en raison de son prix élevé en Europe. Colomb a découvert des plantes de la famille des Capsicum utilisées par les habitants du Nouveau Monde et il les a identifiées à tort comme des parents du poivre noir. À son retour du voyage de 1492, Christophe Colomb a introduit les piments Capsicum auprès des Européens, et les commerçants les ont ensuite répandus en Asie et en Afrique. Ces piments Capsicum ont continué à être appelés poivrons bien qu'ils ne soient pas apparentés au poivre noir et au poivre blanc de la famille des Piper nigrum.

1. D'après le texte, les poivrons noirs et les poivrons blancs
A. changent de couleur après avoir été broyés.
B. proviennent de différentes plantes.
C. ont la même saveur.
D. sont moulus à partir de grains de poivre séchés.

2. Le mot "tourner" au paragraphe 1 pourrait être remplacé par le texte suivant
A. changer
B. revenir
C. veer
D. échange
3. Quelle est la partie du *Piper nigrum* qui constitue le péricarpe ?
A. L'enveloppe extérieure du fruit.
B. La graine à l'intérieur du fruit.
C. L'enveloppe extérieure de la vigne.
D. La pulpe à l'intérieur de la vigne.
4. Le mot "push" à la ligne 14 pourrait être remplacé par
A. conduire
B. pousser
C. frappe
D. la force
5. Qu'est-ce qui ne varie généralement PAS dans un plant de Capsicum ?
A. La taille du fruit.
B. La couleur de la fleur.
C. La couleur du fruit.
D. La forme du fruit.
6. On peut déduire du texte que les piments sont originaires de
A. Amérique
B. Afrique
C. Asie
D. L'Europe
7. Le mot "eux" à la ligne 18 fait référence à
A. piments
B. les personnes
C. familles
D. plantes
8. L'objectif de ce texte est de
A. fournir la classification scientifique des différents types de poivrons.
B. expliquent la confusion qui règne aujourd'hui autour des poivrons.
C. classer la variété de tailles, de formes et de couleurs des poivrons.
D. démontrer que c'est Christophe Colomb qui a apporté les poivrons en Europe.
9) Où, dans le texte, l'auteur explique-t-il l'erreur commise par Christophe Colomb ?
A. Lignes 7-8
B. Lignes 12
C. Lignes 15-16
D. Lignes 17-18

Test d'écriture 8

Que savez-vous de l'histoire du poivre ? Donnez des détails (en 3 paragraphes environ).

Annexe B (Test d'aptitude au TOEFL)

1 □ 1 □ 1 □ 1 □ 1 □ 1 □ 1 □ 1

COMPLETE TEST FIVE

SECTION 1
LISTENING COMPREHENSION

Time—approximately 35 minutes
(including the reading of the directions for each part)

In this section of the test, you will have an opportunity to demonstrate your ability to understand conversations and talks in English. There are three parts to this section, with special directions for each part. Answer all the questions on the basis of what is **stated** or **implied** by the speakers you hear. Do **not** take notes or write in your test book at any time. Do **not** turn the pages until you are told to do so.

Part A

Directions: In Part A you will hear short conversations between two people. After each conversation, you will hear a question about the conversation. The conversations and questions will not be repeated. After you hear a question, read the four possible answers in your test book and choose the best answer. Then, on your answer sheet, find the number of the question and fill in the space that corresponds to the letter of the answer you have chosen.

Listen to an example.

Sample Answer

Ⓐ
Ⓑ
Ⓒ
●

On the recording, you will hear:

(man) *That exam was just awful.*
(woman) *Oh, it could have been worse.*
(narrator) *What does the woman mean?*

In your test book, you will read:
(A) The exam was really awful.
(B) It was the worst exam she had ever seen.
(C) It couldn't have been more difficult.
(D) It wasn't that hard.

You learn from the conversation that the man thought the exam was very difficult and that the woman disagreed with the man. The best answer to the question, "What does the woman mean?" is (D), "It wasn't that hard." Therefore, the correct choice is (D).

Wait

1 □ 1 □ 1 □ 1 □ 1 □ 1 □ 1 □ 1

1. (A) She has rules about how to play.
   (B) Her goal is to pay for school.
   (C) She is praying not to have a low score.
   (D) She'll be acting in a school project.

2. (A) She'd like something to drink.
   (B) She'd like to have thirty.
   (C) She'd like a bite to eat.
   (D) She's a bit thrifty.

3. (A) She's moving in the opposite direction.
   (B) She's wide awake.
   (C) The rest of the people are tired.
   (D) She needs to take a nap.

4. (A) He'll continue to stand in line for texts.
   (B) He has enough to pay for the texts.
   (C) He agrees with the woman about the texts.
   (D) He thinks the woman's in the wrong line to get the texts.

5. (A) He was given the wrong key.
   (B) The key was on top of the clock.
   (C) It was lucky that he got the key.
   (D) The key was at his feet.

6. (A) He went to the conference.
   (B) He saw his friends at the conference.
   (C) He was in his place at the conference.
   (D) He sent a representative.

7. (A) She will see the lawyer tomorrow.
   (B) She needs to phone the lawyer.
   (C) The lawyer will call her tomorrow.
   (D) The lawyer has called off their meeting.

8. (A) There's a lot of difficult homework in it.
   (B) There are not very many exams in it.
   (C) There is little homework.
   (D) There is no homework.

9. (A) Returning to it later.
   (B) Coming back home.
   (C) Finishing the math book.
   (D) Leaving for class.

10. (A) He'll make a charitable contribution.
    (B) He couldn't get into the classroom.
    (C) He didn't have very much to say.
    (D) He was not given the chance to speak.

11. (A) He thought it was extremely fruitful.
    (B) He's happy he didn't attend it.
    (C) A lot of people missed it.
    (D) It was perturbing.

12. (A) He'd like the woman to repeat herself.
    (B) The woman should talk to a physician.
    (C) He shares the woman's position.
    (D) What the woman said was unimportant.

13. (A) To see a dentist.
    (B) To see a cardiologist.
    (C) To see a podiatrist.
    (D) To see an ophthalmologist.

14. (A) She is too scared to try it.
    (B) She would like another opportunity.
    (C) Her time is very scarce.
    (D) She has gone skiing for the last time.

15. (A) He really enjoyed the conference.
    (B) He'll be able to go to the conference.
    (C) He couldn't attend the conference.
    (D) He heard everything at the conference.

16. (A) She doesn't need a jacket for the game.
    (B) She was very uncomfortable last time.
    (C) She will take a jacket with her this time.
    (D) Her jacket does not feel very comfortable.

17. (A) He parked the car to buy the tickets.
    (B) He left the car where he shouldn't have.
    (C) He got a speeding ticket.
    (D) He didn't park the car.

GO ON TO THE NEXT PAGE

18. (A) She prepared him for what he was going to do.
(B) She was unprepared for what she had to do.
(C) She probably didn't spend much time on her presentation.
(D) She was really ready for her presentation.

19. (A) He has never gone sailing.
(B) He doesn't like sailing.
(C) He hasn't had much time for sailing.
(D) He doesn't have any time to go sailing.

20. (A) That the man had been in class.
(B) That the man didn't have the notes.
(C) That she didn't need the notes.
(D) That the lecture had been canceled.

21. (A) She listened attentively during class.
(B) She must make the list five pages long.
(C) She did not attend all of the class.
(D) She was inattentive during some of the class.

22. (A) He's not quite sure when the projects should be finished.
(B) He's doing his project for music class now.
(C) Music class meets for the first time in December.
(D) He believes the music will be available on December 1.

23. (A) The tuition increase was unexpected.
(B) She was prepared for the tuition increase.
(C) She doesn't believe that fees were increased.
(D) She believes that tuition will not go up.

24. (A) She answered his question a minute ago.
(B) She just bit her tongue.
(C) It's hard for her to put the answer into words.
(D) The tip of her tongue is quite sore.

25. (A) Some of them are lying down.
(B) Some of them will lose their positions.
(C) Some of them are choosing part-time jobs.
(D) Some of them laid down their newspapers.

26. (A) She's unhappy about the score.
(B) She hasn't seen her score yet.
(C) She's really pleased with her score.
(D) She hasn't taken the exam yet.

27. (A) He didn't believe the course was hard.
(B) He heard that the course was closed.
(C) It was hard for him to get to the class.
(D) He registered for the course.

28. (A) He didn't go because he was sleeping.
(B) He didn't miss the committee meeting.
(C) He never returned from class.
(D) He was unable to fall asleep.

29. (A) That he would be working all weekend.
(B) That no one ever worked on weekends.
(C) That he would not be in the office this weekend.
(D) That the office would be open this weekend.

30. (A) They should not let what happened bother them.
(B) They should keep on trying to talk to Mary.
(C) They should try to flatter Mary.
(D) Their project is already as good as it's going to get.

GO ON TO THE NEXT PAGE

Part B

Directions: In this part of the test, you will hear longer conversations. After each conversation, you will hear several questions. The conversations and questions will not be repeated.

After you hear a question, read the four possible answers in your test book and choose the best answer. Then, on your answer sheet, find the number of the question and fill in the space that corresponds to the letter of the answer you have chosen.

Remember, you are **not** allowed to take notes or write in your test book.

31. (A) To a doctor's appointment.
    (B) To an exercise club.
    (C) To a swimming pool.
    (D) To a school.

32. (A) They're both regular members.
    (B) He likes to go there occasionally.
    (C) She wants him to try it out.
    (D) She hates to exercise alone.

33. (A) A limited number.
    (B) Racquetball courts and a swimming pool.
    (C) Exercise machines, but not classes.
    (D) Just about anything.

34. (A) Visit the club once.
    (B) Take out a membership.
    (C) Try the club unless he hurts himself.
    (D) See if he has time to go.

35. (A) A presentation for political science class.
    (B) How quickly time passes.
    (C) The differences between the various types of courts.
    (D) A schedule for preparing for a political science exam.

36. (A) Three levels of courts.
    (B) Only the municipal courts.
    (C) The state but not the federal courts.
    (D) Only the state and federal courts.

37. (A) On Thursday.
    (B) On Monday.
    (C) In a week.
    (D) Before Monday.

38. (A) Plenty of time.
    (B) Until Monday.
    (C) About one week.
    (D) Until a week from Monday.

GO ON TO THE NEXT PAGE

Part C

Directions: In this part of the test, you will hear several talks. After each talk, you will hear some questions. The talks and questions will not be repeated.

After you hear a question, you will read the four possible answers in your test book and choose the best answer. Then, on your answer sheet, find the number of the question and fill in the space that corresponds to the letter of the answer you have chosen.

Here is an example.

On the recording, you will hear:

(narrator) *Listen to an instructor talk to his class about painting.*

(man) *Artist Grant Wood was a guiding force in the school of painting known as American regionalist, a style reflecting the distinctive characteristics of art from rural areas of the United States. Wood began drawing animals on the family farm at the age of three, and when he was thirty-eight one of his paintings received a remarkable amount of public notice and acclaim. This painting, called "American Gothic," is a starkly simple depiction of a serious couple staring directly out at the viewer.*

Now listen to a sample question. **Sample Answer**

(narrator) *What style of painting is known as American regionalist?*

Ⓐ Ⓑ Ⓒ ●

In your test book, you will read:
(A) Art from America's inner cities.
(B) Art from the central region of the United States.
(C) Art from various urban areas in the United States.
(D) Art from rural sections of America.

The best answer to the question, "What style of painting is known as American regionalist?" is (D), "Art from rural sections of America." Therefore, the correct choice is (D).

Now listen to another sample question. **Sample Answer**

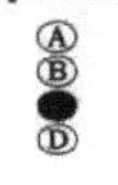

(narrator) *What is the name of Wood's most successful painting?*

In your test book, you will read:
(A) "American Regionalist."
(B) "The Family Farm in Iowa."
(C) "American Gothic."
(D) "A Serious Couple."

The best answer to the question, "What is the name of Wood's most successful painting?" is (C), "American Gothic." Therefore, the correct choice is (C).

Remember, you are **not** allowed to take notes or write in your test book.

Wait

1 □ 1 □ 1 □ 1 □ 1 □ 1 □ 1 □ 1

39. (A) A university administrator.
    (B) A student.
    (C) A librarian.
    (D) A registrar.

40. (A) How to use the library.
    (B) The university registration procedure.
    (C) Services offered by the Student Center.
    (D) Important locations on campus.

41. (A) To provide students with assistance and amusement.
    (B) To assist students in the registration process.
    (C) To allow students to watch movies.
    (D) To provide textbooks for university courses.

42. (A) In administrators' offices.
    (B) In the Student Center.
    (C) In an auditorium.
    (D) In the Student Records Office.

43. (A) Natural soaps.
    (B) Synthetic detergents.
    (C) Biodegradable detergents.
    (D) Phosphates.

44. (A) Synthetic detergents.
    (B) A major cause of water pollution.
    (C) Substances that break down into simpler forms.
    (D) The reason for the foaming water supply.

45. (A) They broke down into simpler forms.
    (B) They caused the water to become foamy.
    (C) They released phosphates into the water.
    (D) They damaged only the underground water supply.

46. (A) Water pollution in the 1950s.
    (B) Nonbiodegradable synthetic detergents.
    (C) The foamy water supply.
    (D) Problems caused by the phosphates.

47. (A) The static atmosphere.
    (B) The cause of changes in the atmosphere.
    (C) The evolution of plant life.
    (D) The process of photosynthesis.

48. (A) Two hundred million years ago.
    (B) Twenty million years ago.
    (C) Two hundred thousand years ago.
    (D) Twenty thousand years ago.

49. (A) The evolution of plants and photosynthesis.
    (B) The variety of gases in the atmosphere.
    (C) The high percentage of nitrogen.
    (D) The ammonia and methane in the original atmosphere.

50. (A) Read about the composition of the atmosphere.
    (B) Study the notes of today's lecture.
    (C) Prepare for a quiz.
    (D) Read the following chapter.

This is the end of Section 1.
Stop work on Section 1.

Turn off the recording.

Read the directions for Section 2 and begin work.
Do NOT read or work on any other section of the test during the next 25 minutes.

2 • 2 • 2 • 2 • 2 • 2 • 2 • 2

SECTION 2
STRUCTURE AND WRITTEN EXPRESSION

Time—25 minutes
(including the reading of the directions)
Now set your clock for 25 minutes.

This section is designed to measure your ability to recognize language that is appropriate for standard written English. There are two types of questions in this section, with special directions for each type.

Structure

Directions: These questions are incomplete sentences. Beneath each sentence you will see four words or phrases, marked (A), (B), (C), and (D). Choose the **one** word or phrase that best completes the sentence. Then, on your answer sheet, find the number of the question and fill in the space that corresponds to the letter of the answer you have chosen.

Look at the following examples.

Example I — **Sample Answer**

The president _____ the election by a landslide.

(A) won
(B) he won
(C) yesterday
(D) fortunately

● Ⓑ Ⓒ Ⓓ

The sentence should read, "The president won the election by a landslide." Therefore, you should choose answer (A).

Example II — **Sample Answer**

When _____ the conference?

(A) the doctor attended
(B) did the doctor attend
(C) the doctor will attend
(D) the doctor's attendance

Ⓐ ● Ⓒ Ⓓ

The sentence should read, "When did the doctor attend the conference?" Therefore, you should choose answer (B).

GO ON TO THE NEXT PAGE

1. Different hormones _____ at the same time on a particular target issue.

   (A) usually act
   (B) usually acting
   (C) they usual act
   (D) the usual action

2. The tidal forces on the Earth due to _____ only 0.46 of those due to the Moon.

   (A) the Sun is
   (B) the Sun they are
   (C) the Sun it is
   (D) the Sun are

3. Most radioactive elements occur in igneous and metamorphic _____ fossils occur in sedimentary rocks.

   (A) rocks, nearly all
   (B) rocks, but nearly all
   (C) rocks, nearly all are
   (D) rocks, which nearly all are

4. _____ radioisotope is encountered, the first step in its identification is the determination of its half-life.

   (A) An unknown
   (B) Afterwards, an unknown
   (C) When an unknown
   (D) During an unknown

5. The Missouri _____ longest river in the United States, flows through seven states from its source in Montana to its confluence with the Mississippi.

   (A) River, the
   (B) River is the
   (C) River is one of the
   (D) River, one of the

6. Coral islands such as the Maldives are the tips of reefs built during periods of warm climate, when _____ higher.

   (A) were sea levels
   (B) sea had levels
   (C) having sea levels
   (D) sea levels were

7. Hail forms within large, dense cumulonimbus _____ develop on hot, humid summer days.

   (A) clouds
   (B) clouds that
   (C) clouds that are
   (D) clouds that they

8. Measles is a highly contagious viral disease _____ by a characteristic skin rash.

   (A) accompany
   (B) is accompanied
   (C) accompanied
   (D) it is accompanied

9. Charles Darwin's first scientific book, published in 1842, _____ a since substantiated theory on the origin of coral reefs and atolls.

   (A) to present
   (B) presented
   (C) presenting
   (D) it presents

10. Phytoplanktons thrive where _____ phosphorus into the upper layers of a body of water.

    (A) upwelling currents circulate
    (B) the circulation of upwelling currents
    (C) are upwelling currents
    (D) circulates upwelling currents

GO ON TO THE NEXT PAGE

11. By the end of 1609, Galileo had a 20-power telescope that enabled him to see _____ planets revolving around Jupiter.

(A) the call
(B) he called
(C) to call him
(D) what he called

12. On every continent except Antarctica _____ more than 30,000 species of spiders.

(A) some are
(B) some of the
(C) are some of the
(D) is some

13. Many bugs possess defensive scent glands and emit disagreeable odors when _____.

(A) disturbed
(B) are disturbed
(C) they disturbed
(D) are they disturbed

14. Hurricanes move with the large-scale wind currents _____ are imbedded.

(A) that they
(B) which they
(C) in that they
(D) in which they

15. _____ the Earth's ice to melt, the Earth's oceans would rise by about two hundred feet.

(A) If all
(B) Were all
(C) If all were
(D) All was

GO ON TO THE NEXT PAGE

Written Expression

Directions: In these questions, each sentence has four underlined words or phrases. The four underlined parts of the sentence are marked (A), (B), (C), and (D). Identify the **one** underlined word or phrase that must be changed in order for the sentence to be correct. Then, on your answer sheet, find the number of the question and fill in the space that corresponds to the letter of the answer you have chosen.

Look at the following examples.

Example I **Sample Answer**

The four string on a violin are tuned in fifths.
(A) The (B) string (C) are (D) tuned

Ⓐ ● Ⓒ Ⓓ

The sentence should read, "The four strings on a violin are tuned in fifths." Therefore, you should choose answer (B).

Example II **Sample Answer**

The research for the book *Roots* taking Alex Haley twelve years.
(A) research (B) for the (C) taking (D) twelve years

Ⓐ Ⓑ ● Ⓓ

The sentence should read, "The research for the book *Roots* took Alex Haley twelve years." Therefore, you should choose answer (C).

GO ON TO THE NEXT PAGE

16. The brilliantly colored rhinoceros viper has two or three horns above each nostrils.
A B C D

17. Most of the outer planets has large swarms of satellites surrounding them.
A B C D

18. Historical records show that Halley's comet has return about every seventy-six years for the past 2,000 years.
A B C D

19. Robert Heinlein was instrumental in popularizing science fiction with a series of stories that is first published in the *Saturday Evening Post.*
A B C D

20. Each number on the Richter scale represent a tenfold increase in the amplitude of waves of ground motion recorded during an earthquake.
A B C D

21. Lake Tahoe, located on the eastern edge of the Sierra Nevada range, is feed by more than thirty mountain streams.
A B C D

22. Established in 1789 and operated by the Jesuits, Georgetown University in Washington, D.C. is the older Roman Catholic institution of higher learning in the United States.
A B C D

23. The surface of the planet Venus is almost completely hid by the thick clouds that shroud it.
A B C D

24. Present in rocks of all types, hematite is particular abundant in the sedimentary rocks known as red beds.
A B C D

25. Tropical cyclones, alike extratropical cyclones, which derive much of their energy from the jet stream, originate far from the polar front.
A B C D

GO ON TO THE NEXT PAGE

26. Elizabeth Cady Stanton organized the first U.S. women's rights convention in 1848
A B
and was instrumentally in the struggle to win voting and property rights for women.
C D

27. Jaguarundis are sleek, long-tailed creatures colored either an uniform reddish brown
A B C
or dark grey.
D

28. It is possible to get a sunburn on a cloudy day because eighty percent of the
A B
ultraviolet rays from the Sun would penetrate cloud cover.
C D

29. In 1964, GATT established the International Trade Center in order to assist
A
developing countries in the promotion of its exports.
B C D

30. Joseph Heller's novel *Catch-22* satirizes both the horrors of war as well as the power
A B C
of modern bureaucratic institutions.
D

31. In *Roots*, Alex Haley uses fictional details to embellish a factual histories of seven
A B C
generations of his family.
D

32. The carbon atoms of the diamond are so strongly bonded that a diamond can only be
A B
scratched with other diamond.
C D

33. Viruses are extremely tiny parasites that are able to reproduce only within the cells
A B C
of theirs hosts.
D

34. During the last Ice Age, which ended about 10,000 years ago, there was about three
A B
times more ice than is today.
C D

GO ON TO THE NEXT PAGE

35. Melons most probably (A) originated in (B) Persia and were introduced (C) the North American continent during (D) the sixteenth century.

36. More than 600 million (A) individual bacteria (B) lives (C) on the skin of humans (D).

37. The more directly (A) overhead the Moon is, the great (B) is (C) the effect (D) that it exhibits on the Earth.

38. As the (A) International Dateline at 180 degrees longitude is crossed westerly (B), it becomes necessary (C) to change the date by moving (D) it one day forward.

39. Kilauea's numerous (A) eruptions are generally composed in (B) molten lava, with little (C) escaping gas and few (D) explosions.

40. The incubation (A) period of tetanus is usually five to ten days, and the most (B) frequently occurred (C) symptom is jaw stiffness (D).

This is the end of Section 2.
If you finish before 25 minutes has ended, check your work on Section 2 only.

At the end of 25 minutes, go on to Section 3.
Use exactly 55 minutes to work on Section 3.

3 △ 3 △ 3 △ 3 △ 3 △ 3 △ 3 △ 3

SECTION 3
READING COMPREHENSION
Time—55 minutes
(including the reading of the directions)
Now set your clock for 55 minutes.

This section is designed to measure your ability to read and understand short passages similar in topic and style to those that students are likely to encounter in North American universities and colleges. This section contains reading passages and questions about the passages.

Directions: In this section you will read several passages. Each one is followed by a number of questions about it. You are to choose the **one** best answer, (A), (B), (C), or (D), to each question. Then, on your answer sheet, find the number of the question and fill in the space that corresponds to the letter of the answer you have chosen.

Answer all questions about the information in a passage on the basis of what is **stated** or **implied** in that passage.

Read the following passage:

Line

John Quincy Adams, who served as the sixth president of the United States from 1825 to 1829, is today recognized for his masterful statesmanship and diplomacy. He dedicated his life to public service, both in the presidency and in the various other political offices that he held. Throughout his political career he demonstrated his unswerving belief in freedom of speech, the antislavery cause, and the right of Americans to be free from European and Asian domination.

Example I — **Sample Answer**

To what did John Quincy Adams devote his life?

(A) Improving his personal life
(B) Serving the public
(C) Increasing his fortune
(D) Working on his private business

Sample Answer: Ⓐ ● Ⓒ Ⓓ

According to the passage, John Quincy Adams "dedicated his life to public service." Therefore, you should choose answer (B).

Example II — **Sample Answer**

In line 4, the word "unswerving" is closest in meaning to

(A) moveable
(B) insignificant
(C) unchanging
(D) diplomatic

Sample Answer: Ⓐ Ⓑ ● Ⓓ

The passage states that John Quincy Adams demonstrated his unswerving belief "throughout his career." This implies that the belief did not change. Therefore, you should choose answer (C).

GO ON TO THE NEXT PAGE

3 △ 3 △ 3 △ 3 △ 3 △ 3 △ 3 △ 3

SECTION 3
READING COMPREHENSION

Time—55 minutes
(including the reading of the directions)
Now set your clock for 55 minutes.

This section is designed to measure your ability to read and understand short passages similar in topic and style to those that students are likely to encounter in North American universities and colleges. This section contains reading passages and questions about the passages.

Directions: In this section you will read several passages. Each one is followed by a number of questions about it. You are to choose the **one** best answer, (A), (B), (C), or (D), to each question. Then, on your answer sheet, find the number of the question and fill in the space that corresponds to the letter of the answer you have chosen.

Answer all questions about the information in a passage on the basis of what is **stated** or **implied** in that passage.

Read the following passage:

John Quincy Adams, who served as the sixth president of the United States from 1825 to 1829, is today recognized for his masterful statesmanship and diplomacy. He dedicated his life to public service, both in the presidency and in the various other political offices that he held. Throughout his political career he demonstrated his unswerving belief in freedom of speech, the antislavery cause, and the right of Americans to be free from European and Asian domination.

Example I **Sample Answer**

(A)
●
(C)
(D)

To what did John Quincy Adams devote his life?

(A) Improving his personal life
(B) Serving the public
(C) Increasing his fortune
(D) Working on his private business

According to the passage, John Quincy Adams "dedicated his life to public service." Therefore, you should choose answer (B).

Example II **Sample Answer**

(A)
(B)
●
(D)

In line 4, the word "unswerving" is closest in meaning to

(A) moveable
(B) insignificant
(C) unchanging
(D) diplomatic

The passage states that John Quincy Adams demonstrated his unswerving belief "throughout his career." This implies that the belief did not change. Therefore, you should choose answer (C).

6. The "English cousin" in line 10 refers to a
   (A) city
   (B) relative
   (C) person
   (D) court

7. Which of the following is NOT mentioned about John Harvard?
   (A) What he died of
   (B) Where he came from
   (C) Where he was buried
   (D) How much he bequeathed to Harvard

8. The word "fledgling" in line 14 could best be replaced by which of the following?
   (A) Newborn
   (B) Flying
   (C) Winged
   (D) Established

9. The passage implies that
   (A) Henry Dunster was an ineffective president
   (B) someone else really served as president of Harvard before Henry Dunster
   (C) Henry Dunster spent much of his time as president managing the Harvard faculty
   (D) the position of president of Harvard was not merely an administrative position in the early years

10. The word "somewhat" in line 20 could best be replaced by
   (A) back and forth
   (B) to and fro
   (C) side by side
   (D) more or less

11. Where in the passage does it indicate how much money Minister Harvard was really responsible for giving to the university?
   (A) Lines 3–7
   (B) Lines 7–11
   (C) Lines 12–15
   (D) Lines 15–17

GO ON TO THE NEXT PAGE

Questions 12–21

A binary star is actually a pair of stars that are held together by the force of gravity. Although occasionally the individual stars that compose a binary star can be distinguished, they generally appear as one star. The gravitational pull between the individual stars of a binary star causes one to orbit around the other. From the orbital pattern of a binary, the mass of its stars can be determined: the gravitational pull of a star is in direct proportion to its mass, and the strength of the gravitational force of one star on another determines the orbital pattern of the binary.

Scientists have discovered stars that seem to orbit around an empty space. It has been suggested that such a star and the empty space really composed a binary star. The empty space is known as a "black hole," a star with such strong gravitational force that no light is able to get through. Although the existence of black holes has not been proven, the theory of their existence has been around for about two centuries, since the French mathematician Pierre Simon de Laplace first proposed the concept at the end of the eighteenth century. Scientific interest in this theory has been intense in the last few decades. However, currently the theory is unproven. Black holes can only be potentially identified based on the interactions of objects around them, as happens when a potential black hole is part of a binary star; they, of course, cannot be seen because of the inability of any light to escape the star's powerful gravity.

12. A binary star could best be described as
    (A) stars that have been forced apart
    (B) a star with a strong gravitational force
    (C) two stars pulled together by gravity
    (D) a large number of attached stars

13. The word "distinguished" in line 2 is closest in meaning to
    (A) renowned
    (B) tied
    (C) celebrated
    (D) differentiated

14. According to the passage, what happens as a result of the gravitational force between the stars?
    (A) One star circles the other.
    (B) The mass of the binary star increases.
    (C) A black hole is destroyed.
    (D) The gravitational force decreases.

15. The word "proportion" in line 5 is closest in meaning to which of the following?
    (A) Contrast
    (B) Ratio
    (C) Inversion
    (D) Force

16. A "black hole" in line 9 is
    (A) an empty space around which nothing orbits
    (B) a star with close to zero gravity
    (C) a star whose gravitational force blocks the passage of light
    (D) an empty space so far away that no light can reach it

17. Which of the following statements about black holes is NOT supported by the passage?
    (A) A black hole can have a star orbiting around it.
    (B) A binary star can be composed of a black hole and a visible star.
    (C) All empty space contains black holes.
    (D) The gravitational pull of a black hole is strong.

18. The word "get" in line 9 could best be replaced by
    (A) pass
    (B) sink
    (C) jump
    (D) see

GO ON TO THE NEXT PAGE

19. Which of the following is implied in the passage about the theory of black holes?
    (A) No reputable scientists believe it.
    (B) It has only recently been hypothesized.
    (C) At least some scientists find it credible.
    (D) Scientists are hoping to see a black hole in order to prove the theory.

20. The word "intense" in line 12 is closest in meaning to
    (A) brilliant
    (B) intermittent
    (C) bright
    (D) strong

21. This passage would probably be assigned reading in a course on
    (A) botany
    (B) astrophysics
    (C) geology
    (D) astrology

GO ON TO THE NEXT PAGE

Questions 22–30

Clara Barton is well known for her endeavors as a nurse on the battlefield during the Civil War and for her role in founding the American Red Cross. She is perhaps not as well known, however, for her role in establishing a bureau for tracing missing soldiers following the Civil War.

At the close of the Civil War, the United States did not have in place any agency responsible for accounting for what had happened to the innumerable men who had served in the military during the war, and many families had no idea as to the fate of their loved ones. Families were forced to agonize endlessly over where their loved ones were, what kind of shape they were in, whether or not they would return, and what had happened to them.

Clara Barton developed a system for using print media to publish the names of soldiers known to have been wounded or killed during various battles of the Civil War. She was prepared to publish names that she herself had gathered on the battlefield as well as information gathered from others. She made numerous unsuccessful attempts to interest various government officials in her plan. However, it was not until Henry Wilson, a senator from the state of Massachusetts, took up her cause and presented her plan to President Lincoln that her plan was implemented.

With Lincoln's assistance, Clara Barton was set up in a small government office with funding for a few clerks and the authority to examine military records. She and her clerks gathered and compiled information from military records and battlefield witnesses and published it in newspapers and magazines. Clara Barton operated this missing persons bureau for four years, from the end of the war in 1865 until 1869. During this period, she and her staff put out more than 100,000 printed lists, answered more than 60,000 letters, and accounted for more than 20,000 missing soldiers.

22. The purpose of this passage is

    (A) to praise Clara Barton's work as a battlefield nurse
    (B) to outline Clara Barton's role in establishing the American Red Cross
    (C) to malign the role of the U.S. government at the end of the Civil War
    (D) to present one of Clara Barton's lesser-known accomplishments

23. Which of the following is NOT mentioned as one of Clara Barton's accomplishments?

    (A) That she treated wounded Civil War soldiers
    (B) That she was integral to the establishment of the American Red Cross
    (C) That she served as an elected government official
    (D) That she continued to work for the good of soldiers and their families after the Civil War

24. The word "close" in line 4 could best be replaced by

    (A) near
    (B) battle
    (C) end
    (D) shut

25. What is stated in the passage about the issue of missing persons following the Civil War?

    (A) The U.S. government was not officially prepared to deal with the issue.
    (B) President Lincoln did not recognize that there was an issue.
    (C) One U.S. government agency was responsible for the issue.
    (D) U.S. citizens were unaware of the issue.

GO ON TO THE NEXT PAGE

26. It can be inferred from the passage that the budget for Barton's missing persons agency was

    (A) quite lavish
    (B) open-ended
    (C) limited in scope
    (D) from private sources

27. The pronoun "it" in line 17 refers to

    (A) funding
    (B) authority
    (C) information
    (D) bureau

28. Which of the following did Clara Barton and her staff accomplish, according to the passage?

    (A) They searched military records.
    (B) They responded to 100,000 letters.
    (C) They printed a list with 100,000 names.
    (D) They talked with 20,000 missing soldiers.

29. Where in the passage does the author indicate the duration of the existence of Clara Barton's missing persons agency?

    (A) Lines 4–6
    (B) Lines 9–10
    (C) Lines 15–16
    (D) Lines 18–19

30. Which paragraph describes Clara Barton's efforts to establish a missing persons bureau?

    (A) The first paragraph
    (B) The second paragraph
    (C) The third paragraph
    (D) The last paragraph

GO ON TO THE NEXT PAGE

Questions 31–40

Mutualism is a type of symbiosis that occurs when two unlike organisms live together in a state that is mutually beneficial. It can exist between two animals, between two plants, or between a plant and an animal. Mutualism is unlike the symbiotic state of commensalism in that commensalism is a one-sided state in which a host gives and a guest takes, while in mutualism both partners live on a give-and-take basis.

In the African wilds, the zebra and the ostrich enjoy a symbiotic relationship that enhances the ability of each of these large land animals to survive. Both serve as prey for the lion, and neither has the capability alone to withstand an attack from this fierce hunter. However, when the zebra and the ostrich collaborate in their defense by alerting each other to possible danger from an approaching predator, the lion is rarely able to capture more than the oldest or feeblest of the herd.

The complementary physical strengths and weaknesses of the ostrich and the zebra allow them to work in coordination to avoid succumbing to the lion. The ostrich, the largest flightless bird in the world, possesses great speed and keen eyesight, which enable it to spot large predatory animals long before they are able to position themselves to attack. The zebra, with a running speed equal to that of the ostrich, has excellent hearing and a good sense of smell but lacks the sharp eyesight of the ostrich. When ostriches and zebras intermix for grazing, each animal benefits from the ability of the other to detect approaching danger. If either animal senses danger, both animals are alerted and take off. With the running speed that both of these animals possess, they are able to outrun any predator except the cheetah.

31. How is the information in the passage organized?
    (A) A concept is explained through an extended example.
    (B) A series of chronological events is presented.
    (C) Two examples are compared and contrasted.
    (D) Two opposing theories are explained.

32. The word "unlike" in line 1 is closest in meaning to
    (A) unfriendly
    (B) dissimilar
    (C) potential
    (D) hated

33. The word "beneficial" in line 2 is closest in meaning to
    (A) distinctive
    (B) meaningful
    (C) helpful
    (D) understood

34. What is "commensalism" in line 3?
    (A) A specific kind of mutualistic relationship
    (B) A relationship that is beneficial to both partners
    (C) A relationship in which both partners are hurt
    (D) A relationship that is beneficial to only one partner

35. What is implied in the passage about the zebra and the ostrich?
    (A) They have a commensalist relationship.
    (B) The lion is prey for both of them.
    (C) They share a mutualistic relationship.
    (D) Their relationship is not symbiotic.

GO ON TO THE NEXT PAGE

36. What is stated in the passage about the lion?

(A) It is easily able to capture zebras and ostriches.
(B) It is usually able to catch only weaker zebras and ostriches.
(C) It never hunts zebras and ostriches.
(D) It does not hurt old or feeble zebras and ostriches.

37. The word "collaborate" in line 9 is closest in meaning to

(A) work together
(B) make observations
(C) make a stand
(D) run and hide

38. The pronoun "it" in line 13 refers to

(A) ostrich
(B) world
(C) speed
(D) eyesight

39. Which of the following is NOT stated in the passage?

(A) The ostrich is unable to fly.
(B) The ostrich is able to see better than the zebra.
(C) The zebra hears and smells well.
(D) The zebra is able to run faster than the ostrich.

40. Where in the passage does the author mention the one animal that is faster than both the ostrich and the zebra?

(A) Lines 8–10
(B) Lines 12–14
(C) Lines 14–15
(D) Lines 18–19

GO ON TO THE NEXT PAGE

Questions 41–50

Esperanto is what is called a planned, or artificial, language. It was created more than a century ago by Polish eye doctor Ludwik Lazar Zamenhof. Zamenhof believed that a common language would help to alleviate some of the misunderstandings among cultures.

In Zamenhof's first attempt at a universal language, he tried to create a language that was as uncomplicated as possible. This first language included words such as *ab, ac, ba, eb, be,* and *ce*. This did not result in a workable language in that these monosyllabic words, though short, were not easy to understand or to retain.

Next, Zamenhof tried a different way of constructing a simplified language. He made the words in his language sound like words that people already knew, but he simplified the grammar tremendously. One example of how he simplified the language can be seen in the suffixes: all nouns in this language end in *o*, as in the noun *amiko*, which means "friend," and all adjectives end in *-a*, as in the adjective *bela*, which means "pretty." Another example of the simplified language can be seen in the prefix *mal-*, which makes a word opposite in meaning; the word *malamiko* therefore means "enemy," and the word *malbela* therefore means "ugly" in Zamenhof's language.

In 1887, Zamenhof wrote a description of this language and published it. He used a pen name, Dr. Esperanto, when signing the book. He selected the name Esperanto because this word means "a person who hopes" in his language. Esperanto clubs began popping up throughout Europe, and by 1905, Esperanto had spread from Europe to America and Asia.

In 1905, the First World Congress of Esperanto took place in France, with approximately 700 attendees from 20 different countries. Congresses were held annually for nine years, and 4,000 attendees were registered for the Tenth World Esperanto Congress scheduled for 1914, when World War I erupted and forced its cancellation.

Esperanto has had its ups and downs in the period since World War I. Today, years after it was introduced, it is estimated that perhaps a quarter of a million people are fluent in it. This may seem like a large number, but it is really quite small when compared with the billion English speakers and billion Mandarin Chinese speakers in today's world. Current advocates would like to see its use grow considerably and are taking steps to try to make this happen.

41. The topic of this passage is
    (A) a language developed in the last few years
    (B) one man's efforts to create a universal language
    (C) how language can be improved
    (D) using language to communicate internationally

42. According to the passage, Zamenhof wanted to create a universal language
    (A) to resolve cultural differences
    (B) to provide a more complex language
    (C) to build a name for himself
    (D) to create one world culture

43. It can be inferred from the passage that the Esperanto word *malespera* means
    (A) hopelessness
    (B) hope
    (C) hopeless
    (D) hopeful

44. The expression "popping up" in line 17 could best be replaced by
    (A) leaping
    (B) shouting
    (C) hiding
    (D) opening

GO ON TO THE NEXT PAGE

45. It can be inferred from the passage that the Third World Congress of Esperanto took place
    - (A) in 1905
    - (B) in 1907
    - (C) in 1909
    - (D) in 1913

46. According to the passage, what happened to the Tenth World Esperanto Congress?
    - (A) It had 4,000 attendees.
    - (B) It was scheduled for 1915.
    - (C) It had attendees from 20 countries.
    - (D) It never took place.

47. The expression "ups and downs" in line 23 is closest in meaning to
    - (A) tops and bottoms
    - (B) floors and ceilings
    - (C) takeoffs and landings
    - (D) highs and lows

48. Which paragraph describes the predecessor to Esperanto?
    - (A) The first paragraph
    - (B) The second paragraph
    - (C) The third paragraph
    - (D) The fourth paragraph

49. This passage would most likely be assigned reading in a course on
    - (A) European history
    - (B) English grammar
    - (C) world government
    - (D) applied linguistics

50. The paragraph following the passage most likely discusses
    - (A) how current supporters of Esperanto are encouraging its growth
    - (B) another of Zamenhof's accomplishments
    - (C) the disadvantages of using an artificial language
    - (D) attempts to reconvene the World Congress of Esperanto in the 1920s

This is the end of Section 3.

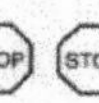

If you finish in less than 55 minutes, check your work on Section 3 only. Do NOT read or work on any other section of the test.

When you finish the test, you may do the following:

- Turn to the **Diagnostic Charts** on pages 551–558, and circle the numbers of the questions that you missed.
- Turn to **Scoring Information** on pages 549–550, and determine your TOEFL score.
- Turn to the **Progress Chart** on page 559, and add your score to the chart.

Questions 41–50

Esperanto is what is called a planned, or artificial, language. It was created more than a century ago by Polish eye doctor Ludwik Lazar Zamenhof. Zamenhof believed that a common language would help to alleviate some of the misunderstandings among cultures.

In Zamenhof's first attempt at a universal language, he tried to create a language that was as uncomplicated as possible. This first language included words such as *ab, ac, ba, eb, be,* and *ce*. This did not result in a workable language in that these monosyllabic words, though short, were not easy to understand or to retain.

Next, Zamenhof tried a different way of constructing a simplified language. He made the words in his language sound like words that people already knew, but he simplified the grammar tremendously. One example of how he simplified the language can be seen in the suffixes: all nouns in this language end in *o*, as in the noun *amiko*, which means "friend," and all adjectives end in *-a*, as in the adjective *bela*, which means "pretty." Another example of the simplified language can be seen in the prefix *mal-*, which makes a word opposite in meaning; the word *malamiko* therefore means "enemy," and the word *malbela* therefore means "ugly" in Zamenhof's language.

In 1887, Zamenhof wrote a description of this language and published it. He used a pen name, Dr. Esperanto, when signing the book. He selected the name Esperanto because this word means "a person who hopes" in his language. Esperanto clubs began popping up throughout Europe, and by 1905, Esperanto had spread from Europe to America and Asia.

In 1905, the First World Congress of Esperanto took place in France, with approximately 700 attendees from 20 different countries. Congresses were held annually for nine years, and 4,000 attendees were registered for the Tenth World Esperanto Congress scheduled for 1914, when World War I erupted and forced its cancellation.

Esperanto has had its ups and downs in the period since World War I. Today, years after it was introduced, it is estimated that perhaps a quarter of a million people are fluent in it. This may seem like a large number, but it is really quite small when compared with the billion English speakers and billion Mandarin Chinese speakers in today's world. Current advocates would like to see its use grow considerably and are taking steps to try to make this happen.

41. The topic of this passage is
    - (A) a language developed in the last few years
    - (B) one man's efforts to create a universal language
    - (C) how language can be improved
    - (D) using language to communicate internationally

42. According to the passage, Zamenhof wanted to create a universal language
    - (A) to resolve cultural differences
    - (B) to provide a more complex language
    - (C) to build a name for himself
    - (D) to create one world culture

43. It can be inferred from the passage that the Esperanto word *malespera* means
    - (A) hopelessness
    - (B) hope
    - (C) hopeless
    - (D) hopeful

44. The expression "popping up" in line 17 could best be replaced by
    - (A) leaping
    - (B) shouting
    - (C) hiding
    - (D) opening

GO ON TO THE NEXT PAGE

45. It can be inferred from the passage that the Third World Congress of Esperanto took place

(A) in 1905
(B) in 1907
(C) in 1909
(D) in 1913

46. According to the passage, what happened to the Tenth World Esperanto Congress?

(A) It had 4,000 attendees.
(B) It was scheduled for 1915.
(C) It had attendees from 20 countries.
(D) It never took place.

47. The expression "ups and downs" in line 23 is closest in meaning to

(A) tops and bottoms
(B) floors and ceilings
(C) takeoffs and landings
(D) highs and lows

48. Which paragraph describes the predecessor to Esperanto?

(A) The first paragraph
(B) The second paragraph
(C) The third paragraph
(D) The fourth paragraph

49. This passage would most likely be assigned reading in a course on

(A) European history
(B) English grammar
(C) world government
(D) applied linguistics

50. The paragraph following the passage most likely discusses

(A) how current supporters of Esperanto are encouraging its growth
(B) another of Zamenhof's accomplishments
(C) the disadvantages of using an artificial language
(D) attempts to reconvene the World Congress of Esperanto in the 1920s

This is the end of Section 3.

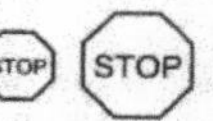

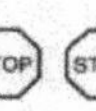

If you finish in less than 55 minutes,
check your work on Section 3 only.
Do NOT read or work on any other section of the test.

When you finish the test, you may do the following:

- Turn to the **Diagnostic Charts** on pages 551–558, and circle the numbers of the questions that you missed.
- Turn to **Scoring Information** on pages 549–550, and determine your TOEFL score.
- Turn to the **Progress Chart** on page 559, and add your score to the chart.

45. It can be inferred from the passage that the Third World Congress of Esperanto took place

    (A) in 1905
    (B) in 1907
    (C) in 1909
    (D) in 1913

46. According to the passage, what happened to the Tenth World Esperanto Congress?

    (A) It had 4,000 attendees.
    (B) It was scheduled for 1915.
    (C) It had attendees from 20 countries.
    (D) It never took place.

47. The expression "ups and downs" in line 23 is closest in meaning to

    (A) tops and bottoms
    (B) floors and ceilings
    (C) takeoffs and landings
    (D) highs and lows

48. Which paragraph describes the predecessor to Esperanto?

    (A) The first paragraph
    (B) The second paragraph
    (C) The third paragraph
    (D) The fourth paragraph

49. This passage would most likely be assigned reading in a course on

    (A) European history
    (B) English grammar
    (C) world government
    (D) applied linguistics

50. The paragraph following the passage most likely discusses

    (A) how current supporters of Esperanto are encouraging its growth
    (B) another of Zamenhof's accomplishments
    (C) the disadvantages of using an artificial language
    (D) attempts to reconvene the World Congress of Esperanto in the 1920s

This is the end of Section 3.

If you finish in less than 55 minutes, check your work on Section 3 only. Do NOT read or work on any other section of the test.

When you finish the test, you may do the following:

- Turn to the **Diagnostic Charts** on pages 551–558, and circle the numbers of the questions that you missed.
- Turn to **Scoring Information** on pages 549–550, and determine your TOEFL score.
- Turn to the **Progress Chart** on page 559, and add your score to the chart.

Milton Keynes UK
Ingram Content Group UK Ltd.
UKHW032229011124
450424UK00002B/299